Nebulosa – Figuren des Sozialen
07/2015
Prinzessinnen

Nebulosa
Figuren des Sozialen

07/2015

Prinzessinnen

Herausgegeben von Eva Holling,
Matthias Naumann und Frank Schlöffel

Neofelis Verlag

Nebulosa – Figuren des Sozialen
07/2015: Prinzessinnen
Hrsg. v. Eva Holling / Matthias Naumann / Frank Schlöffel

Bibliografische Information der Deutschen Nationalbibliothek
Die Deutsche Nationalbibliothek verzeichnet diese Publikation in der Deutschen Nationalbibliografie; detaillierte bibliografische Daten sind im Internet über http://dnb.d-nb.de abrufbar.

Umschlaggestaltung: Marija Skara
Druck: PRESSEL Digitaler Produktionsdruck, Remshalden
Gedruckt auf FSC-zertifiziertem Papier.
ISSN: 2193-8490
ISBN (Print): 978-3-95808-002-7
ISBN (PDF): 978-3-943414-98-1

Erscheinungsweise: zweimal jährlich
Jahresabonnement 22 €, Einzelheft 14 €
Erhältlich in Ihrer Buchhandlung oder direkt beim Neofelis Verlag unter:
vertrieb@neofelis-verlag.de

Ein Abonnement verlängert sich automatisch um ein Jahr, wenn die Kündigung nicht mindestens drei Monate vor Ende des Kalenderjahrs erfolgt ist.

Inhalt

Editorial 7

Rainer Emig
Warum Prinzessinnen keine Königinnen sind.
Prinzessinnen in der englischsprachigen Literatur und Kultur 13

Christel Baltes-Löhr
„Ich schmeiß jetzt alles hin und werd Prinzessin".
Zur Wirkmächtigkeit einer Symbolfigur im 21. Jahrhundert 29

Marija Skara
Ah du armes Prinzessin 53

Tamara Werner / Aleta-Amirée von Holzen
Becoming a Magical Pony-Princess. Die Neuinterpretation
der Prinzessinnenfigur als Identifikationsangebot
in *My Little Pony – Friendship is Magic* 65

Jan Henschen
Prinzessin Fantoche.
Arnold Höllriegels Erzählung einer Selbstermächtigung
zwischen Detektivgenre und Kinoreform 81

Thomas Küpper
„Die Bettelprinzeß".
Von Hedwig Courths-Mahler zu Hella von Sinnen 95

Julia Schade
Das Versprechen der *Selbst*produktion 107

Timo Skrandies
Gelehrigkeit und: Verführung? Arbeit als Kippfigur 117

Abbildungsverzeichnis 126

Editorial

princess is missing
princess is my little
princess is back with new cd
princess is now a
princess is a little like watching a bunch of kids
princess is incoherent and
princess is a stupid bitch
princess is in
princess is a five star
princess is sold out for the entire alaska season this summer
princess is getting out of the show biz trap
princess is a fisting slut
princess is on a caffeine rush
princess is eating regularly
princess is in another castle
princess is sleeping
princess is a trademark of renaissance
princess is born
princess is now on source forge
princess is really growing up
princess is fined in battery case
princess is a pagan
princess is located approximately 8 miles east
princess is our newest addition to our kennels
princess is the soul of a princess that soars the blackened skies
princess is my little whore
princess is the crown jewel landmark on the texas riviera
princess is in another castle the losing blueprint
princess is now a lady
princess is king
princess is frustrated by this beautiful doll
princess is a stupid bitch
princess is incoherent and chronologically impossible
princess is a little too sweet
princess is a five star deluxe hotel in mumbai
princess is only 18 years old and doesn't seem to have a clue about anything
princess is coming
princess is gone

princess is ill in bed
princess is eating regularly by caroline davies
princess is here
princess is a high speed 118 foot luxury touring yacht designed for maximum passenger comfort
princess is pretty
princess is a good role model for the young
princess is pregnant
princess is doing remarkably well
princess is an elegant tribute to the old world splendor
princess is here to say it's time to stop this insanity and take a good look at ourselves
princess is very sure you're a good person
princess is not a sap
princess is a major character for me
princess is quoted on the london and new york stock exchanges
princess is now sailing on long island sound
princess is coming around i'm sure of it
princess is named and themed after the beautiful creamy white princess rose
princess is authentic
princess is 77
princess is a wedding chapel cam
princess is one of a few lines to accept children as young as two years in the youth programs
princess is also an ecological ship as a matter of fact she is powered by a diesel
princess is wheelchair accessible
princess is the narrator for the series
princess is located in the sonoran desert overlooking the mcdowell mountains 20 minutes from phoenix
princess is the story of sara crewe
princess is born by sarah I
princess is in need of a loving home in michigan
princess is a beautiful and graceful young lady
princess is a thing
princess is the largest cruise ship to ever visit the los angeles harbor
princess is educated by private tutors under the supervision of marion crawford
princess is not portrayed standing but rather from the waist up
princess is actually a very enjoyable game
princess is an eclectus hen who is about five years old
princess is human[1]

1 Googlism. http://www.googlism.com zu „princess“ (Zugriff am 02.06.2015).

Im Call for Papers zu *Nebulosa* 07/2015 wurde dazu eingeladen, sich aktuell und vor dem Hintergrund historischer Phänomene mit der Figur der Prinzessin auseinanderzusetzen, die sich offenbar nach wie vor durch eine herausgehobene Stellung auszeichnet. Vorwiegend ist ihre starke Stereotypisierung zu diagnostizieren, deren Herkunft und Auswirkungen im alltäglichen Umgang mit der Figur weniger thematisiert als vielmehr übernommen werden.
Einer kritischen Analyse dieser Haltung der Prinzessin gegenüber widmen sich daher die Autorinnen und Autoren der vorliegenden Ausgabe. Rainer Emig stellt dabei aktuelle Stereotypen den Entwicklungen historischer Prinzessinnenfiguren in Großbritannien gegenüber, während Christel Baltes-Löhr soziologische Überlegungen und Forschungsergebnisse zur Bedeutung der Prinzessin versammelt und präsentiert. Im künstlerischen Beitrag von Marija Skara wird das Bild der Prinzessin und ihrer Umwelt in ein kontrastierendes Licht gerückt, wonach sich drei Artikel bestimmten Prinzessinnenphänomenen zuwenden: Tamara Werner und Aleta-Amirée von Holzen begeben sich in das Universum der Pony-Prinzessinnen von *My Little Pony*, Jan Henschen stellt die Funktion der *Prinzessin Fantoche* und ihrer „Films" vor und Thomas Küpper untersucht die ‚courthsmalerische' *Bettelprinzess* und ihre zeitgenössische Wiederverkörperung durch Hella von Sinnen.
Im Forum formulieren Julia Schade und Timo Skrandies ihre Gedanken zu Arbeiterinnen und Arbeitern und kommentieren somit, wie bewährt, die vorangegangene Ausgabe der *Nebulosa*.

Warum Prinzessinnen keine Königinnen sind

Prinzessinnen in der englischsprachigen Literatur und Kultur

Rainer Emig

Einleitung: Die Prinzessin zwischen Projektions- und Identifikationsfigur

Heutige Prinzessinnen finden sich außer in Hochglanzmagazinen vor allem in den Spielzeugabteilungen der Warenhäuser, wo Rosa und Tüll die unübersehbaren Merkmale ihrer Gattung darstellen. Auch in jeder großen Buchhandlung hat sich mittlerweile eine Prinzessin Lillifee-Ecke etabliert, in der Zubehör für weitere Prinzessinnen-Generationen erworben werden kann.[1] Nachwuchs-Prinzessinnen trifft man auch beim samstäglichen Gang zum Bäcker, wo stolze Väter Horden von Anna-Lenas präsentieren, die nach angemessener Überlegung schon ganz königlich lauthals ihre Wahl eines Rosinenbrötchens verkünden. Kommerz, auf die Spitze getriebener Individualismus und Konsum zusammen mit der Einzelkindfamilie und der Sorge, vielleicht doch nicht genug für die Kleinen zu tun, fließen in einem Rollenmuster zusammen, das traditionellen Feministinnen wenn nicht die blanke Wut, dann zumindest Angstschweiß ins Gesicht treibt.

Aber es soll in diesem Aufsatz nicht primär um die Gegenwart des Prinzessinnen-Phänomens gehen, sondern um dessen Geschichte, wie sie sich vor allem in der Literatur und Kultur Großbritanniens manifestiert. Englische Prinzessinnen stellen auch heute noch die populärsten Identifikationsfiguren nicht nur in der westlichen Welt dar, sondern weltweit, wie sich am Phänomen von Prinzessin Diana oder an ihrer gegenwärtigen Nachfolgerin, der Herzogin von Cambridge, ehemals Catherine Middleton, zeigt. An der wechselhaften

1 Prinzessin Lillifee ist eine Figur der Autorin Monika Finsterbusch, die zum ersten Mal im gleichnamigen Kinderbuch (Münster: Coppenrath 2004) auftauchte. Bald überholte der Erfolg der gleichzeitig auf den Markt geworfenen Merchandising-Produkte den der Buchreihe. Mittlerweile gibt es zwei Prinzessin Lillifee-Filme (2009 und 2011), aber auch Backbücher, Modeschmuck, Schulranzen, Herzstempel und, für diesen Aufsatz vielleicht am bezeichnendsten, das Malbuch *Prinzessin Lillifee: Meine schönsten Kronen zum Ausmalen und Basteln* (2013).

Geschichte der Prinzessin in den englischsprachigen Kulturen Großbritanniens und seiner ehemaligen Kolonie in Nordamerika lassen sich sowohl historische und kulturelle Missverständnisse aufzeigen wie wiederkehrende Muster, die die Prinzessin zum wirkmächtigen Dispositiv machen.[2] Dies gilt selbst in Gesellschaften, die sowohl die Monarchie wie traditionelle patriarchale Geschlechtermodelle überwunden zu haben glauben. Nur innerhalb hierarchischer feudaler Gesellschaftsmodelle macht es Sinn, wenigen aufgrund ihrer genetischen Herkunft den Titel *princeps*, wörtliche „Erste", zu verleihen. In einer patriarchalen Welt wie der des Mittelalters, in der sich das Prinzen- wie Prinzessinnentum ausprägte, ergab sich bereits ein interessantes Paradox, in dem Prinzessinnen zwar als Hochwohlgeborene die Ersten unter den Frauen darstellten, aber in aller Regel den männlichen Herrschern nachgeordnet blieben. Ein ähnlicher Widerspruch wird uns zum Schluss dieses Aufsatzes bei den gegenwärtigen bürgerlichen ‚Prinzessinnen' wieder begegnen.

An Heir and a Spare: Die Prinzessin als Funktionsträgerin

Wenn man in die frühe Geschichte der Prinzessin zurückgeht, wird man nach dem gerade postulierten modernen Zusammenhang von Prinzessinnenkult und Individualismus überrascht feststellen, dass Prinzessinnen im frühen Mittelalter oft namenlos waren – zumindest in historischen Dokumenten. Von Karl dem Großen sind die Namen von zehn seiner Töchter überliefert.[3] Aber verbreiteter ist, dass in Ahnentafeln lediglich eine namenlose Tochter auftaucht, von der häufig weder Lebensdaten noch Details ihres Lebens überliefert sind – mit Ausnahme ihrer Eheschließungen. Die Rolle der Prinzessinnen im Mittelalter ist eine einfache: Sie sind verantwortlich für das Fortbestehen von Dynastien, also für die Produktion von Nachkommen, von denen in patrilinearen Gesellschaften mindestens einer

2 Dispositiv: „[…] ein entschieden heterogenes Ensemble, das Diskurse, Institutionen, architekturale Einrichtungen, reglementierende Entscheidungen, Gesetze, administrative Maßnahmen, wissenschaftliche Aussagen, philosophische, moralische oder philanthropische Lehrsätze, kurz: Gesagtes ebensowohl wie Ungesagtes umfasst." (Michel Foucault: *Dispositive der Macht: Über Sexualität, Wissen und Wahrheit*, hrsg. v. François Ewald, aus d. Franz. v. Jutta Kranz et al. Berlin: Merve 1978, S. 119–120).

3 Adalhaid, Rotrud, Bertha, Gisla, Hildegard, Hruodhaid, Theodrada, Hiltrud, Ruothild und Adalthrud. Vgl. Pierre Riché: *Die Karolinger: Eine Familie formt Europa*, aus d. Franz. v. Cornelia Dierlmeier / Ulf Dierlmeier. Düsseldorf: Patmos 2003, S. 441.

männlich sein muss(te). In Großbritannien hat sich dafür der Spruch ‚an heir and a spare' eingebürgert, ein Erbe und ein Ersatz, ein Prinzip, das man sowohl an Prinz William und seinem Bruder Harry wie an Prinz Williams gegenwärtig gerade wachsender eigener Familie sehen kann.

Aber es wäre vereinfachend, Prinzessinnen nur als Gebärmaschinen zu betrachten. Auch wenn gerade frühe Prinzessinnen wenig Handlungsspielraum hatten, war ihr vermeintlich edles Blut eminent wichtig und konnte politisch das Schicksal von Nationen entscheiden. So nahm Wilhelm, der Herzog der Normandie, der selbst nicht aus einer Linie von Königen stammte und sogar ein unehelicher Sohn war, als eine der Begründungen für seine Invasion Englands, die ihn zu Wilhelm dem Eroberer machte, die Tatsache, dass seine Großtante Emma von der Normandie (ca. 987–1052) Königin sowohl des angelsächsischen Herrschers Aethelred wie auch des dänischen Herrschers über England, Knut, gewesen war. Eine ursprünglich normannische Prinzessin, die zeitlebens ohne eigenen Herrschaftsanspruch blieb, verknüpfte dennoch durch ihre Person die frühmittelalterlichen Machtfäden über einen beachtlichen Teil West- und Nordeuropas.

Das bedeutete aber keineswegs automatisch, dass man Prinzessinnen als Personen (im anachronistischen gegenwärtigen Sinn) unbedingt Wertschätzung entgegenbrachte. Als die angelsächsische Prinzessin Eadgyth, die Enkelin von Alfred dem Großen und Schwester des ersten Königs eines geeinten Englands, Athelstan, am Hof Heinrichs I. in Sachsen eintraf, um dessen siebzehnjährigen Sohn Otto, den späteren Otto den Großen, zu ehelichen, hatte man auch ihre Halbschwester Eadgifu mitgeschickt, damit Otto sich eine davon aussuchen konnte.[4] Anders als bei erstgeborenen Prinzen ergab sich bei Prinzessinnen ein Privileg nur durch die Blutlinie, nicht durch Erstgeburt, und es ist bezeichnend, dass innerhalb derselben Blutlinie die Prinzessin austauschbar war. Ebenso leicht konnten Ehen aus Staatsraison wieder annulliert werden. Otto nahm übrigens Eadgyth zur Frau, und sie gebar ihm nicht nur bald darauf einen Sohn und eine Tochter, sondern es gelang ihr auch, die Sachsen so für sich einzunehmen, dass die Dichterin Hrotsvit von Gandersheim in ihrer

4 Michael Wood: The Life of an Anglo-Saxon Princess. In: *The Guardian*, 17.06.2010. http://www.theguardian.com/science/2010/jun/17/archaeology-forensicscience (Zugriff am 17.11.2014).

Gesta Ottonis nur Lobenswertes über sie zu sagen hat.[5] Als „Edit“ wurde Eadgyth schließlich im Magdeburger Dom begraben, wo ihre Gebeine noch 2010 identifiziert werden konnten.

Rebels with a Cause: Widerständige Prinzessinnen

Mittelalterliche Prinzessinnen waren nicht nur austauschbar. Sie gaben auch häufig ihre Namen auf, wenn sie Prinzen und Könige anderer Länder mit anderen Sprachen, Religionen und Kulturen ehelichten. Eine seltene Ausnahme ist Theophanu, die im späten 10. Jahrhundert als Gattin Ottos II. Mitregentin und Mitkaiserin des Heiligen Römischen Reichs Deutscher Nation wurde. Dabei hatte alles ziemlich schlecht für sie begonnen. Der bereits erwähnte Otto der Große war vielleicht von Großmannssucht getrieben, als er für seinen Sohn eine oströmische Kaisertochter wollte. Zweimal wurde sein Gesuch abgelehnt, und beim dritten Anlauf bekam er stattdessen eine Nichte geschickt, weshalb die Heiratsurkunde auch die Eltern der Braut ganz unüblich verschweigt. Trotzdem war die Ehe ein Erfolg und Theophanu erwies sich als politisch so beschlagen, dass sie nicht nur Mitkaiserin wurde, sondern nach dem Tod ihres Gatten für sieben Jahre sogar Kaiserin, solange ihr Sohn Otto III. unmündig war. Theophanu führte nicht nur ihren ‚exotischen‘ Namen weiter, sondern trug offenbar weiter fremdländische Gewänder und umgab sich mit Gelehrten aus ihrer Ursprungskultur.[6]

Die Regel ist aber eine andere: Prinzessinnen passen sich an die Kultur an, in die sie hineinverheiratet werden. Sie lassen ihre eigene Ethnie zurück, wechseln häufig den Namen, um ihn an die ‚Zielkultur‘ anzupassen (siehe Charlène von Monaco, die als Charlene Lynette Wittstock im heutigen Zimbabwe geboren wurde) und lernen eine neue Sprache und neue Gebräuche, inklusive jene ihrer neuen Dynastie (siehe die bürgerliche Deutsche Silvia Sommerlath als Königin von Schweden). Das war im Mittelalter nicht anders als bei gegenwärtigen Prinzessinnen. Man denke an Mary von Dänemark, eine Australierin aus Tasmanien, und an die mittlerweile zur Königin der Niederlande avancierte Máxima, die Tochter eines nicht unumstrittenen argentinischen Politikers. Die zahlreichen Töchter von Englands Königin

5 Hrotsvit von Gandersheim: *Gesta Oddonis*, aus d. Latein. v. H. Hohmeyer. München: Schöningh 1973.

6 Heike Hawicks: Theophanu. In: *Die Kaiserinnen des Mittelalters*, hrsg. v. Amalie Fößel. Regensburg: Pustet 2011, S. 60–77.

Viktoria wurden im späten 19. Jahrhundert zu Herrschergattinnen u. a. in Deutschland und Russland. Das Sprachenlernen begann auch schon im Mittelalter für Prinzessinnen auf dem Weg zu ihren zukünftigen Gatten ebenso wie Instruktion in den Gebräuchen und oft auch in der Religion ihres neuen Umfelds. Kulturtransfer, ein gegenwärtig in der Kulturwissenschaft gängiges theoretisches Konzept, das davon ausgeht, dass Kulturen nicht separat entstehen und danach erst Austauschprozesse miteinander entwickeln, trifft bereits auf die frühen Prinzessinnen zu. Im europäischen Mittelalter sind Prinzessinnen häufig Agentinnen solcher Kulturtransfers, auch wenn dies von der traditionellen machtpolitischen Fixierung der Geschichtswissenschaft des Öfteren in den Hintergrund gedrängt wird. Theophanu brachte zum Beispiel in ihrem Gefolge Künstler und Kunsthandwerker wie auch Baumeister mit und war so mitverantwortlich für das Auftauchen byzantinischer architektonischer Formen im Deutschen Reich. Auch den Kult um den heiligen Nikolaus soll sie dort populär gemacht haben. Noch drastischere machtpolitische Beispiele sind Prinzessinnen, die Agentinnen für Religionswandel wurden, so etwa die christliche merowingische Prinzessin Bertha, die im frühen 7. Jahrhundert erst ihren Mann, König Æthelberht von Kent, und mit ihm seine Bevölkerung christianisierte und dafür als Heilige verehrt wurde.[7]

Nicht alle mittelalterlichen Prinzessinnen fügten sich in die Rolle der Mütter von Dynastien und (im besten Fall) Beraterinnen ihrer Ehemänner und Regentinnen ihrer Söhne. Die angelsächsische Prinzessin Æthelflæd, die älteste Tochter Alfred des Großen, regierte Mercia in Zentralengland auch nach dem Tod ihres Gatten Æthelred im frühen 10. Jahrhundert weiter und erwies sich als so geschickte Heerführerin im Kampf gegen die Nordmänner, dass sie bis heute als ‚Lady of the Mercians' bekannt ist. Sie regierte offenbar mit der Zustimmung des *Witenagemot*, der Versammlung weiser Männer, und damit mit Sanktion des Patriarchats. Nach ihrem Tod übernahm ihre Tochter Ælfwynn das Zepter, wurde aber nach nur sechs Monaten von ihrem Onkel Edward dem Älteren entthront. Selbst bei einer so ungewöhnlichen Figur wie Æthelflæd wissen wir nicht einmal ihr

7 Friedrich Wilhelm Bautz: Bertha, Königin von Kent. In: *Biographisch-Bibliographisches Kirchenlexikon*, Bd. 1. Hamm: Bautz 1975, S. 549.

Geburtsdatum. Wesentlich für die Geschichtsschreibung sind nur die Jahresdaten ihrer Regentschaft.[8]

Und keineswegs alle ungewöhnlichen Prinzessinnen wurden von der Geschichte für ihren Einsatz gelobt. Matilda, die Tochter von Englands König Heinrich I., als deren Geburtsdatum das Jahr 1102 angenommen wird, war zuerst als Achtjährige mit dem Kaiser des Heiligen Römischen Reiches Deutscher Nation, Heinrich IV., vermählt worden und nannte sich daher ihr gesamtes Leben lang ‚Kaiserin'. (Ein spätes Echo findet dies in der Witwe von Kaiser Friedrich III., Victoria Adelaide Mary Louisa, eine Tochter von Königin Viktoria von England, die sich als Witwe weiterhin ‚Kaiserin Friedrich' nannte.) Nach dem Tod ihres kaiserlichen Gatten heiratete Matilda Gottfried v. von Anjou und begründete durch ihren gemeinsamen Sohn Heinrich II. schließlich die Dynastie der Angeviner oder Plantagenets. Doch ihr Anspruch auf den Thron von England wurde ihr vom Neffen Heinrichs I., Stephen, streitig gemacht, sodass Matilda schließlich Partei in einem frühen Bürgerkrieg auf englischem Boden wurde. Nicht unüberraschend schreiben ihr Quellen daher Hochmut und Arroganz zu. Und doch fügt sich ihre Figur in die patriarchale Ordnung, indem sie ihren Kampf letztlich für ihren Sohn führt und damit die männliche Herrschaftsordnung anerkennt. Matildas eigene Identität erscheint in dieser mehrfachen Spannung aus dynastisch-politischen Verwerfungen und kulturell-sprachlichen Transfers bezeichnend gebrochen. Selbst ihr Name changiert, auch weil sie ihn selbst unterschiedlich einsetzte. So ist sie auch als Maud, Aaliz (oder Alice) und Adela bekannt.[9]

Anders sieht dies bei Eleonore von Aquitanien aus. Als Tochter des Herzogs von Aquitanien, des größten Herzogtums im damaligen Frankreich, schuf ihre Hochzeit mit dem französischen König Ludwig VII. das bedeutendste Reich Westeuropas. Aber dabei blieb es nicht. Als nach fünfzehnjähriger Ehe noch immer kein Thronfolger geboren war (nach einer Fehlgeburt hatte Eleonore zwei Töchter zur Welt gebracht), wurde die Ehe aufgrund zu enger Verwandtschaft annulliert (ein üblicher Grund, da zu enge Verwandtschaft flexibel interpretiert werden konnte). Eleonore tat danach aber nicht

8 C.P. Wormald: Æthelflæd. In: *Lexikon des Mittelalters*, Bd 1. München / Zürich: Artemis & Winkler 1980, S. 187–188.

9 Karl Rudolf Schnith: Kaiserin Mathilde. In: Ders. (Hrsg.): *Frauen des Mittelalters in Lebensbildern*. Wien: Styria 1997, S. 189–213.

das Erwartete und kehrte heim nach Aquitanien oder zog sich in ein Kloster zurück. Stattdessen heiratete sie ohne die Erlaubnis ihres Ex-Gemahls und Lehnsherrn den englischen König Heinrich II., einen der stärksten Konkurrenten ihres ersten Ehemanns und einen der wenigen Adligen Europas, der für sie standesgemäß war. Diesem brachte sie mit Aquitanien nicht nur ein enormes Territorium mit in die Ehe, sondern auch eine bedeutende Wirtschaftsmacht, u. a. lukrativen Weinhandel. Auch von Eleonore wissen wir nur, dass sie um 1122 geboren wurde. Heinrich war elf Jahre jünger als sie und bei der Eheschließung 19 Jahre; Eleonore bereits 30. Anders als in ihrer ersten Ehe brachte sich Eleonore aktiv in die Politik ihres zweiten Gatten ein. Vor allem instrumentalisierte sie ihre in der zweiten Ehe geborenen Söhne gegen deren Vater, was schließlich zu Hausarrest für Eleonore für die Dauer von fünfzehn Jahren bis zu Heinrichs Tod führte. Doch auch danach übte sie starken Einfluss auf ihren nun regierenden Sohn Richard (Löwenherz) und Johann aus. Eleonore behielt in der gesamten Zeit ihren Titel als Herzogin von Aquitanien. Es ist dennoch bezeichnend, dass die Geschichtsschreibung ihre vermeintlich weiblichen Qualitäten lange vor ihren politischen betont hat. So gilt sie als Patronin der Troubadoure, und man erinnert sich, dass sie am französischen Hof Servietten und Tischtücher sowie das Händewaschen vor dem Essen eingeführt hat. Als Machtpolitikerin hingegen wurde sie erst in den letzten Jahren wiederentdeckt, und selbst der historisch recht akkurate Hollywoodfilm *The Lion in Winter* (*Der Löwe im Winter*, UK 1968, R: Anthony Harvey), in dem sie von Katharine Hepburn gespielt wird, konzentriert sich auf den Geschlechterkampf zwischen Eleanor und ihrem notorisch untreuen Gatten Heinrich (im Film von Peter O'Toole dargestellt).[10]

The Winner Takes It All: Selbstermächtigungsstrategien innerhalb patriarchaler Ordnung

Wenige Prinzessinnen schafften es in England zur Königin. Das lag am von den Angelsachsen eingeführten Recht der Erstgeburt, das im von ihnen übernommenen Salischen Recht der Merowinger und Franken 507–511 weibliche Thronfolge ausschloss, wenn ein männlicher Anwärter zur Verfügung stand. Im Vereinigten Königreich

10 Ursula Vones-Liebenstein: *Eleonore von Aquitanien.* Göttingen: Muster-Schmidt 2000.

wurde dieses Recht erst 2013, im Vorfeld der Geburt des ersten Kindes von Prinz William, geändert.

Elisabeth I. hatte wohl kaum erwartet, das Erwachsenenalter zu erreichen, geschweige denn, ihre Thronbesteigung zu erleben, war ihre Mutter Anna Boleyn doch von ihrem Vater Heinrich VIII. wegen vermeintlicher Untreue hingerichtet und sie für illegitim erklärt worden. Nach dem Tod Heinrichs regierte erst dessen junger Sohn Eduard, bevor dieser mit fünfzehn Jahren starb, dann ihre streng katholische Halbschwester Maria. Maria I., in der Geschichtsschreibung wegen ihrer Verfolgung von Protestantinnen und Protestanten als ‚Bloody Mary' bekannt, könnte selbst ein Beispiel für das Prinzessinnendasein als Wartezustand ohne wirklichen Einfluss abgeben. Zuerst als potentielle Regentin gehandelt, da ihre Mutter keine anderen lebenden Kinder zur Welt brachte, wurde sie, wie Elisabeth, für unehelich erklärt, bevor sie wieder rehabilitiert wurde. Ihre Eheschließung mit König Philip II. von Spanien brachte kurzzeitig die politische Union von zwei der größten europäischen Mächte ihrer Zeit hervor. Elisabeth, die nach dem Ableben der kinderlosen Maria Königin wurde, ging einen radikal anderen Weg. Obwohl ihre Berater erwarteten, dass sie einen europäischen Prinzen oder einen englischen Hochadligen ehelichen würde, entschied sie sich für Ehelosigkeit. Dies führte zum Ende der Tudordynastie, gab Elisabeth aber radikal erweiterte Handlungsspielräume. Als weiblicher Monarch wäre sie verehelicht zwischen die Glieder der zeitgenössischen ‚Kette des Seins' geraten, die die Welt für den Menschen der Renaissance ordnete.[11] In ihr steht der Monarch gleich nach Gott über allen Menschen. Aber der Mann steht auch über der Frau, und der Ehemann ist faktisch wie rechtlich der Vormund seiner Gattin und der gemeinsamen Kinder. Um diesem Widerspruch zu entkommen, blieb Elisabeth also quasi auch als Königin noch Prinzessin. Elisabeth konnte so ihre Gunst strategisch vergeben, sowohl an englische Adlige wie an fremde Bewerber um ihre Hand. Sie konnte sowohl in der Kunst Hommagen inspirieren wie auch politisch einmal ihre weibliche Sanftheit, dann wieder ihr ‚männliches' Erbe ihres Vaters in den Vordergrund stellen.[12]

Maria II., die Tochter von König Jakob II., war die protestantische Alternative zum später geborenen Sohn ihres katholischen Vaters

11 Arthur O. Lovejoy: *Die große Kette der Wesen: Geschichte eines Gedankens*, aus d. Engl. v. Dieter Turck. Frankfurt am Main: Suhrkamp 1993.

12 Raingard Esser: *Die Tudors und die Stuarts (1485–1714).* Stuttgart: Kohlhammer 2004.

und wurde zusammen mit ihrem holländischen Gatten Wilhelm III. von Oranien durch die Glorreiche Revolution von 1688 gemeinsam auf den englischen Thron gehoben, der von nun an eine konstitutionelle Monarchie war. Auf die kinderlose Maria folgte ihre jüngere, ebenfalls protestantische Schwester Anna. Obwohl beide kompetente Monarchinnen waren, stellt ihre Thronbesteigung kaum eine Überschreitung der gewöhnlichen Regeln des Prinzessinnendaseins dar, da beide nur strategische Alternativen zu unerwünschten männlichen Kandidaten darstellten.

Die große Überraschung bei den englischen Prinzessinnen war sicher Viktoria. Sie regierte 63 Jahre lang (ein Rekord, der erst durch die gegenwärtige Königin Elisabeth II. überboten wurde) und wurde in dieser Zeit auch Kaiserin von Indien, ein Titel, der dem mittlerweile immens angewachsenen Imperium Großbritanniens Rechnung trug. Seit dem 18. Jahrhundert hatte sich aber in der westlichen Welt und vor allem im hochindustrialisierten Großbritannien eine Geschlechtertrennung etabliert, die Frauen die Privatsphäre der Familie zuschrieb und Männern die öffentliche des Berufs, des Kommerzes, der Politik und des Militärs. Ähnlich wie ihre Vorgängerin Elisabeth I. stellte dies Viktoria in einen Widerspruch zwischen Geschlecht und Herrschaft. Ursprünglich nur die fünfte in der Thronfolge, wurde sie von ihrer Mutter isoliert und von deren Berater John Conroy manipuliert. Schließlich wendete sie sich von beiden ab. Nach ihrer Krönung erwartete der Hof wieder, dass sie von Beratern oder einem rasch zu findenden Ehemann kontrolliert werden würde. Ersteren fand sie in Premierminister Lord Melbourne. Viktorias Weigerung, nach der Ablösung der liberalen Regierung Melbournes durch eine konservative auch Ehefrauen von Konservativen zu ihren Hofdamen zu machen, führte fast zu einer Verfassungskrise. Einen Ehemann suchte sie sich bekannterweise im deutschen Kleinadel und unter ihren Cousins, Albert.

Plötzlich Prinzessin: Fiktionale Antworten auf das Prinzessinnensein

Prinzessinnen stellten bereits in den mittelalterlichen Romanzen die Protagonistinnen. Ihre übliche Herausforderung war, sich den geeigneten Prinzen zu suchen, um an seiner Seite Königin zu werden. Doch nicht alle Romanzen folgten diesem Muster. In Mary Wroths *Urania*, der ersten englischen Prosaromanze einer weiblichen Autorin von 1621, ist die gleichnamige Heldin eine Schäferin, die noch nicht weiß, dass sie eigentlich eine Prinzessin ist. Gleichwohl erkämpft sie sich ihr Territorium und ihr vermeintliches Recht. In Margaret Cavendishs utopischer Romanze *The Blazing World* von 1666, die zum Teil auf einem anderen Planeten spielt, wird eine namenlose Heldin durch eine Entführung und einen Sturm in eine andere Welt verschlagen, in der sich der dortige Monarch in sie verliebt und sie zur Herrscherin macht. Danach mischt er sich erstaunlicherweise nicht mehr in Staatsangelegenheiten ein, und sie kann nach Herzenslust regieren und auch naturphilosophische Studien betreiben und sich dafür die Hilfe der Figur Margaret Cavendish holen, die sie von der Erde in ihre gleißende Welt versetzt. Beiden Romanzen ist gemein, dass Prinzessinwerden eine Überraschung darstellt, mit der nur geeignete Persönlichkeiten umgehen können. Ganz ähnliches wiederholt sich viel später und um einiges trivialer in der Hollywood-Erfolgskomödie *The Princess Diaries* (*Plötzlich Prinzessin*, USA 2001 R: Garry Marshall).

In Lewis Carrolls *Alice hinter den Spiegeln* von 1871, einer Erzählung, in der sich die Figuren nach den Regeln eines Schachspiels durch ihre fiktionale Welt bewegen, wird der ursprüngliche ‚Bauer' Alice durch geschicktes Manövrieren zum Schluss zur ‚Dame', zur Königin des Spiels. Aber sie ist nicht die einzige Königin und auch keine unumstrittene. Sowohl die weiße wie die rote Monarchin stellen sie auf die Probe, und sie wird darüber hinaus noch durch die Hofetikette herausgefordert, die bestimmt, dass auch beim Festmahl anlässlich von Alices Krönung keine Speisen gegessen werden dürfen, denen man vorgestellt worden ist. Doch der Zeremonienmeister insistiert auf der Vorstellung jedes einzelnen Gangs. Die psychoanalytische und feministische Literaturwissenschaft haben die Alice-Romane des Mathematikers Charles Lutwidge Dodgson als Initiationsgeschichten gelesen, die den Übergang vom Kind zur Frau innerhalb der patriarchalischen Geschlechterordnung des späten 19. Jahrhunderts symbolisch verschlüsselt beschreiben.[13] Als solche passen sie auch in das in diesem Aufsatz immer wieder beobachtete ambivalente Bild der Prinzessin in Kultur und Geschichte. Als potenzielle Mutter sieht sich Alice in Carrolls Text, als sie aus ihrem Traum aufwacht und statt der roten Königin nun ein Kätzchen in der Hand hält. Ebenso wie ein ebenfalls präsentes weißes Kätzchen ist es der Nachwuchs ihrer

13 Andreea-Maria Sancelean: *Femininity between Fantasy and Reality: Escaping to Wonderland.* Saarbrücken: Lambert 2012.

Katze Dinah, was Alice nun im übertragenen Sinne zur Katzenmutter macht. Aber so einfach geht es bei Carroll nie zu, denn nun ist Alice verwundert über die Rolle, die sie in ihrem eigenen Traum gehabt hat und vor allem darüber, wer eigentlich den Traum geträumt hat: „it MUST have been either me or the Red King. He was part of my dream, of course – but then I was part of his dream, too!" Dies klingt wie Zhuang Zis buddhistisches Rätsel vom Weisen, der träumt, ein Schmetterling zu sein, um nach dem Aufwachen nicht zu wissen, ob er nun ein Schmetterling ist, der träumt, ein weiser Mann zu sein.[14] Gleichzeitig ist das Traumparadox von Carrolls Alice aber auch analog zu Dispositiven und Diskursen, die in Geschichte und Kultur hegemonial verankert sind und damit unhinterfragt reproduziert und befolgt werden, ohne dass es möglich ist, sich erfolgreich außerhalb von ihnen zu positionieren. Auch bei ihnen führt die Suche nach einem Ursprung nur zur Henne-und-Ei-Frage: ist zuerst das Ideal da oder die, die an es glauben oder glauben wollen? Das Ideal der Prinzessin ist wirkmächtig, auch wenn es historisch gebrochen erscheint. Es wirkt gegenwärtig, auch wenn es anachronistisch ist.

Von der *People's Princess* zur Disney-Prinzessin

Prinzessinnen stellen schon seit langer Zeit Faszinationsfiguren dar. In der oben beschriebenen Frühzeit des europäischen Feudalismus waren sie dies für das gemeine Volk, wenngleich sich wohl kaum ein einfaches Mädchen mit einer Prinzessin identifizieren konnte. Dies ist schon eher möglich in den Märchen, die in Europa seit der Romantik Verbreitung fanden und romantische mit bürgerlichen Werten zusammenführten. Die zeittypische Überschreitung von Klassenschranken verändert auch die Figur der Prinzessin, die nun zwar immer noch eine verstoßene Königstochter sein konnte wie Schneewittchen, aber zunehmend, wie Aschenputtel, durchaus in seiner Herkunft bürgerlich und nur durch die Liebe eines Prinzen in den Adelsstand erhoben wurde. Dies trifft auch auf Rapunzel zu. Wohl aus der italienischen Renaissance stammend, wurde die Geschichte zuerst in den französischen Adel übertragen, bevor sie in der Version der Gebrüder Grimm im Bürgertum ankommt.[15] Diese Bewegung vom Adel zum

14 Dschuang Dsï: *Das wahre Buch vom südlichen Blütenland*, aus d. Chin. v. Richard Wilhelm. Düsseldorf / Köln: Diederichs 1972, S. 51.

15 Bernhard Lauer (Hrsg.): *Rapunzel: Traditionen eines europäischen Märchenstoffes in Dichtung und Kunst.* Ausstellungskatalog. Kassel: Brüder Grimm-Museum 1993.

Bürgerlichen ist für moderne Prinzessinnen typisch – und zwar in Fiktion wie in der Wirklichkeit.

Noch in der ersten Hälfte des 20. Jahrhunderts war das englische Königshaus trotz der mittlerweile erfolgten Verbreitung der modernen Printmedien und des Radios von der Wirklichkeit der bürgerlichen wie der Unterschichts-Briten streng abgeschieden. Dies erkennt man daran, dass sich die Medien im Fall der unstandesgemäßen Beziehung des Königs Eduards VIII. zur geschiedenen Amerikanerin Wallis Simpson (die damit selbst für das bürgerliche Publikum eine äußerst ungeeignete Prinzessin abgab) selbst zum Schweigen verpflichteten, das erst gebrochen wurde, als Eduard seine Abdankung verkündete. Die Prinzessin war, wie das gesamte Königshaus, zwar Faszinations-, aber keineswegs Identifikationsfigur. Daran hatte auch nichts geändert, dass bereits Viktoria Trendsetterin war: Ihre Hochzeit in Weiß veränderte die Brautmode (vorher trug die Braut schwarz) ebenso radikal wie publizierte Bilder (nun auch fotografische) des Paares und seiner Kinder bürgerliche Idylle signalisierten.

Doch bereits unter dem auf Eduard folgenden Georg VI. änderte sich dies. Seine Töchter Elisabeth und Margaret waren permanent in den Medien zu sehen, wobei erstere die Rolle der pflichtbewussten Thronfolgerin und die jüngere Margaret die des Partygirls einnahm. Beides wurde permanent von der Klatschpresse kolportiert und kommentiert. Man könnte bei den beiden in der Tat von unterschiedlichen Angeboten an die Öffentlichkeit sprechen, die nun zugleich positive wie negative Faszinationsfiguren, aber damit auch Identifikationsfiguren für eine moderne Nachkriegsweiblichkeit angeboten bekam.[16]

Diese radikal neue Form der Prinzessin, mit der sich die Massen identifizieren konnten, wurde bekannterweise von Prinzessin Diana auf die Spitze getrieben. Mit ihr wurde die englische Prinzessin vom distanzierten Faszinosum zum Rollenvorbild, vor allem was Frisur und Kleidung betraf. Ihr Pagenkopf wurde weltweit Mode, und ihre Kleider machten Modeschöpfer wie Elizabeth und David Emanuel, John Galliano, Zandra Rhodes, Valentino und Gianni Versace noch berühmter, als sie es ohnehin schon waren. Auch nachdem ihre Ehe mit Charles zerbrochen war, nutzte Diana ihren Prinzessinnenstatus und ließ sich als ‚the People's Princess' feiern, als Prinzessin des

16 Noel Botham: *Margaret: The Last Real Princess.* London: Blake 2002.

Volks – eigentlich ein paradoxer Titel, der aber genau den Übergang von der distanzierten adeligen Faszinations- zur verbürgerlichten Identifikationsfigur belegt.[17] Im berühmten *Panorama*-Fernsehinterview der BBC von 1997 mit Martin Bashir nutzt Diana genau die Strategie Elisabeths I., die auch als Königin noch Prinzessin blieb. In einer medial geprägten demokratischen Welt ist letztere bedeutender als die anachronistische politische Herrschaftsfigur: „I'd like to be a queen of people's hearts, in people's hearts, but I don't see myself being Queen of this country."[18] Sie stellt Prinzessinnensein als Rolle aus – und spielt sie gleichzeitig perfekt weiter.

In dieser Beziehung hat die Herzogin von Cambridge, Catherine, die Lektionen ihrer verstorbenen Schwiegermutter gelernt. Sie spielt ihre Rolle perfekt – und als Rolle. Sie ist Modeikone und betreibt gleichzeitig das weiter, was Prinzessinnen schon immer getan haben, wohltätig sein. Diana setzte sich dabei auch für Zwecke ein, die als ‚nicht standesgemäß' galten, wie für Stiftungen für AIDS-Kranke oder Landminenopfer. Catherine ist Patronin von Kinderkrankenhäusern, aber auch von Vereinen zur Drogenbekämpfung.[19] Interessanterweise gibt es kaum Bilder von ihr, die sie mit königlichen Insignien wie Krone oder Tiara zeigen.

Auch die Populärkultur hat die Annäherung der ursprünglich distanzierten Faszinationsfigur an die Herzen der Massen fleißig vorangetrieben, und wohl kaum ein Konzern so stark wie Walt Disney. Bereits 1937 zeigte der Kassenschlager *Snow White and the Seven Dwarfs* (*Schneewittchen und die sieben Zwerge*, USA 1937, R: David Hand) letztere ohne adelige Insignien und stattdessen mit Puffärmeln und einer roten Schleife im Haar. Wie eine gute amerikanische Hausfrau führt sie den Zwergen den Haushalt, bevor sie dann doch ein Prinz rettet und heiratet. Disney hat seitdem eine große Zahl von Prinzessinnen für das weltweite Massenpublikum hervorgebracht. Ursprünglich waren die meisten davon weiß und blond. Zwischenzeitlich hat die Globalisierung auch nicht-kaukasische Charaktere in die Riege

17 Tina Brown: *Diana: Die Biographie*, aus d. Engl. v. Barbara Heller / Sylvia Höfer. München: Droemer Knaur 2007.

18 http://www.bbc.co.uk/news/special/politics97/diana/panorama.html (Zugriff am 23.03.2015).

19 http://www.dukeandduchessofcambridge.org/the-duchess-of-cambridge/charities (Zugriff am 01.12.2014). Dass Catherine zusammen mit ihrem Gatten eine Homepage betreibt, signalisiert natürlich auch, dass die beiden als Team wahrgenommen werden möchten.

der Disney-Prinzessinnen eingefügt. Eine im Jahr 2000 gegründete Franchise-Firma, die tatsächlich *Disney Princess* heißt, listet gegenwärtig elf Protagonistinnen: (im englischen Original) Snow White, Cinderella, Aurora, Ariel,[20] Belle, Jasmine, Pocahontas, Mulan, Tiana, Rapunzel und Merida. Von diesen ist Jasmine arabisch, Pocahontas Indianerin, Mulan Chinesin und Tiana afro-amerikanisch. Die Verteilung spiegelt natürlich auch die US-amerikanische Bevölkerung, den Heimatmarkt für Walt Disney-Filme und die daran angekoppelten Produkte, wider.[21] In der Entwicklung der Prinzessin von der Faszinations- zur Identifikationsfigur steht damit aber auch für jedes kleine Mädchen auf der Welt ein käuflich zu erwerbendes Modell bereit.

Die Prinzessin im Widerspruch zwischen patriarchaler Tradition und (neo-)liberalem Individualismus

Die Prinzessin gibt es nur innerhalb patriarchalen Denkens. Es gibt sie ebenfalls nur in hierarchischen (d. h. anti-egalitären) Gesellschaften, ursprünglich im Feudalismus, heute auch in konstitutionellen Monarchien. Was macht das Konzept aber in unserer angeblich egalitären, postfeudalen, aufgeklärten und emanzipierten Welt immer noch so wirkmächtig und attraktiv, auch wenn seine Geschichte, wie oben dargelegt, durchaus widersprüchlich ist?

Die bürgerliche Aufklärung, die das Feudalzeitalter abgelöst und durch die ‚Diktatur der Mittelschicht' und ihrer Werte ersetzt hat, ist selbst patriarchal. Sie weist der Frau immer noch eine eingeschränkte Rolle zu, in der sie zwar vergöttert werden kann (als *Angel in the House* oder eben als Prinzessin), aber dennoch nur eingeschränkte und oft nur symbolische Macht besitzt. Diese ‚Macht' wird bereits im 18. Jahrhundert die des Konsums, der sowohl als wichtiges soziales Distinktionsmerkmal, aber auch als wirtschaftliches Grundprinzip fungiert. Im 19. bis 21. Jahrhundert erzeugt die Industrialisierung und scheinbare soziale Angleichung der Gesellschaftsschichten eine Herausforderung bei dieser Differenzierung. Gleichzeitig schafft die immer kleiner werdende Familie eine Fetischisierung des Nachwuchses mit dem Ergebnis von lauter kleinen ‚Prinzen' und ‚Prinzessinnen'.

20 Sie wurde im deutschsprachigen Raum zur geschlechtlich eindeutigeren ‚Arielle', vielleicht auch, um sie vom gleichnamigen Waschpulver abzusetzen und möglichen Rechtstreitigkeiten vorzubeugen.

21 http://prinzessinnen.disney.de (Zugriff am 01.12.2014).

Erstere treten weniger optisch in Erscheinung, weil sich in Männlichkeitsrollen Normen und Ideale in Haltungen und Aktionen manifestieren. Weiblichkeit wird immer noch (und zunehmend, könnte man pessimistisch argumentieren) über körperliche Attraktivität und Mode ausgestellt, wofür die kommerzialisierten Prinzessinnen des 20. und 21. Jahrhunderts eine ideale Folie abgeben. Zwar gab und gibt es immer wieder Prinzessinnenfiguren, die die Muster offenlegten, herausforderten oder gar überschritten. Dennoch zeigt sich gerade an ihnen, dass selbst vermeintliche Überschreitungen des Dispositivs in aller Regel wieder ideologisch eingeholt, gerahmt und ausgebeutet werden können. Prinzessinnen agierten so als Katalysatoren für Kulturtransfers und Kulturwandel und waren wohl auch gelegentlich in der Lage, ihre eigene Position zu ermächtigen. Aber wie chemische Katalysatoren änderten sie damit an der historischen Machtstruktur des Konzepts ‚Prinzessin' nichts. Dieses ist damit kein ‚travelling concept' im Sinne der Kulturwissenschaftlerin Mieke Bal.[22] Die Prinzessin ist viel eher ein Relikt, das trotz seiner internen Widersprüche Machtstrukturen der Vergangenheit nahezu ungebrochen in Gegenwart und Zukunft einführt. Der ‚goldene Käfig', der als Kontrastmotiv die Prinzessinnentradition begleitet, funktioniert hier weiter, wobei ‚Gold' sich heute eher auf den Profit der Vermarkter bezieht, wie man z. B. an Disneys neuester Erfolgsproduktion *Frozen* (*Die Eiskönigin – Völlig unverfroren*; USA 2013, R: Chris Buck und Jennifer Lee) sehen kann. Er stellt zwar zwei Prinzessinnen in einem innerfamiliären Konflikt dar, endet aber dennoch mit erfolgreicher heteronormativer Paarbildung unter Beteiligung eines Prinzen, mit der Affirmation traditioneller Geschlechterrollen und auch ohne jede Hinterfragung feudaler gesellschaftlicher Hierarchien. Ob gefroren oder höchst lebendig: vor der Prinzessin gibt es kein Entkommen.

22 Vgl. Mieke Bal: *Travelling Concepts in the Humanities: A Rough Guide*. Toronto / Buffalo / London: University of Toronto Press 2002.

„Ich schmeiß jetzt alles hin und werd Prinzessin"

Zur Wirkmächtigkeit einer Symbolfigur im 21. Jahrhundert

Christel Baltes-Löhr

Abb. 1

Diese Aufschrift mit dem kessen Bild eines fröhlich und verschmitzt dreinschauenden Mädchens auf einem Schlüsselanhänger, gefunden in einem Schreibwarengeschäft in Bad Essen im Februar 2014, wirft folgende Fragen auf: Sind Prinzessinnen als Projektionsfläche für unerfüllbare Wünsche von Mädchen und Frauen nach nahezu 50 Jahren Frauen-, Gender- und Geschlechterbewegung zum Aussteiger_innenmodell geworden? Oder ist doch alles eher beim Alten geblieben? Immer noch verkleiden sich Mädchen an Karneval gerne als Prinzessin. Immer noch gilt die Prinzessin als „die Märchenfigur schlechthin"[1]. Ständig ist die Medienwelt auf der Suche nach Deutschlands „Next Top Model" – sehen wir hier eine neue Figur der Prinzessin, neben all den ungezählten Wein-, Fastnachts-, Apfel-, Dirndl- und Kartoffelprinzessinnen?[2] Es bleibt zu fragen, welche Rolle die Symbolfigur Prinzessin im Kontext von Identitätskonstruktionen auch heute immer noch spielt, welche Bedeutung dieser Figur im Rahmen pädagogischer Konzepte zukommt und inwieweit sie immer noch eine Identifikationsfigur für Kinder darstellt, scheint doch die Aktualität von Märchenfiguren ungebrochen: Während

1 Märchenprinzessin und Co. http://www.maerchenhelden.de/prinzessin.php (Zugriff am 27.01.2015).

2 Vgl. http://www.deutsche-koeniginnen.de/downloads/koeniginnenzug2007mod.pdf (Zugriff am 27.01.2015).

am 30. Dezember 2014 bei Google für den Suchbegriff ‚Prinzessin' knapp 20 Millionen Einträge vorliegen, entfallen allein auf ‚Schneewittchen' 906.000 Einträge, gefolgt von ‚Dornröschen' mit 746.000 Einträgen. ‚Aschenputtel' kommt auf 508.000 Einträge, der ‚Froschkönig' auf 498.000 und die ‚Prinzessin auf der Erbse' auf 296.000. Etymologisch geht der Begriff ‚Prinzessin' auf das altfranzösische Wort *princesse* zurück und erfährt in der deutschen Sprache durch das zusätzliche Anhängen des Suffixes -in sozusagen eine doppelte Feminisierung.[3] Regulär erwartbar wäre entweder *princess* (analog zu *stewardess*) oder, wie sonst üblich, Prinzin (analog etwa zu König-in, Student-in).

Schlaglichter auf eine schillernde Symbolfigur: Von Leonhard Euler bis zur Maggi-Suppe

Leonhard Euler (1703–1783), ein berühmter Mathematiker, lebte von 1741 bis 1766 in Berlin und richtete in seinen *Briefen an eine deutsche Prinzessinn über verschiedene Gegenstände aus der Physik und Philosophie*, im Original in französischer Sprache verfasst, grundlegende Überlegungen u. a. zur Mechanik, der physikalischen Astronomie, der Optik und Tonlehre an Luise von Anhalt-Dessau, eine Nichte des preußischen Königs Friedrich des II.; Euler verband poetische Ansprache mit mathematischen Erörterungen und theoretischer Beweisführung. In seinem ersten Brief an die Prinzessin schreibt er am 19. April 1760:

> Da die Hoffnung, meine Unterweisungen in der Geometrie bey Ew. H. fortsetzen zu können, von neuem weiter hinausgesetzt zu seyn scheint: (ein in der That für mich sehr empfindlicher Aufschub,) so wünschte ich, so gut als es die Natur der Sachen erlaubt, diesen Mangel schriftlichzu beheben. Dazu werde ich einen Versuch machen, in dem ich Ew. H. den eigentlichen Begrif erkläre, den man sich von der Größe zu machen hat, wenn man darunter die kleinsten sowohl als die größten Räume begreift, die man wirklich in der Welt findet.[4]

Ein großer Denker erklärt einer Prinzessin die Welt.
Anders verhält es sich mit den berühmten *Briefen*[5] der Liselotte von der Pfalz, die mit dem Bruder Ludwigs XIV. von Frankreich verheiratet

3 Ich danke meinem Kollegen, Prof. Dr. Heinz Sieburg, Universität Luxemburg, Germanistik, für diesen Hinweis.

4 Leonhard Euler: *Briefe an eine deutsche Prinzessinn über verschiedene Gegenstände aus der Physik und Philosophie*, Leipzig: Junius 1773, S. 1.

5 Vgl. Liselotte von der Pfalz: *Briefe*, hrsg. v. Annedore Haberl. München: Hanser 1996.

wird und in ca. 3.000 überlieferten Briefen an ihre Verwandtschaft die Zustände am Versailler Hof Ludwig des XIV. beschreibt, ohne ein Blatt vor den Mund zu nehmen. Als Prinzessin im Jahre 1652 in Heidelberg geboren,

> las sie am liebsten wissenschaftliche Bücher oder ging spazieren. Wenig begeistert lernte sie all das, was damals auf dem Stundenplan kleiner Prinzessinnen stand: deutsch und französisch schreiben und lesen, singen, tanzen, musizieren, Handarbeiten und gute Körperhaltung. Der Vater wollte es so. Junge Prinzessinnen mussten nämlich drei Kriterien erfüllen: Sie sollten schön sein, sich anmutig bewegen und den Mund halten.[6]

Helene Walterskirchen bringt 2001 unter dem Titel *Prinzessinnen. Märchenfiguren im 3. Jahrtausend*[7] einen Band heraus, in dem auf knapp 200 Seiten zwölf vor allem österreichische und deutsche, real existierende Prinzessinnen, darunter auch Prinzessin Anne von England und Kronprinzessin Victoria von Schweden, porträtiert werden. Ziel der Autorin ist es, die Frauen selbst zu Wort kommen zu lassen, um auf diesem Weg deutlich zu machen, wie unterschiedlich sich das tatsächliche Leben von Prinzessinnen zu Beginn des 3. Jahrtausends gestaltet und wie wenig es mit den Bildern gemein hat, die die Regenbogenpresse und auch die Märchenwelt immer noch liefern, wenn von Prinzessinnen die Rede ist. Versucht Walterskirchen mit ihren Porträts, die Prinzessinnen sozusagen als ‚normale' Frauen darzustellen, die sich z. B. im Falle der Kronprinzessin Viktoria von Schweden mit ihrer zukünftigen Aufgabe als Thronfolgerin vertraut machen müssen, dann stehen diesem Normalisierungsdiskurs die Märchenprinzessinnen und die mit ihnen verbundenen Symbolisierungen diametral entgegen.

Unabhängig davon, ob die Figur der Prinzessin im Kunst- oder Volksmärchen auftaucht, immer ist sie in der Regel wunderschön, tugendhaft und feinfühlig. So wird die jüngste Königstochter im Märchen *Der Froschkönig* der Gebrüder Grimm als so schön beschrieben, „dass die Sonne selber, die doch so vieles schon gesehen hat, sich verwunderte, sooft sie ihr ins Gesicht schien."[8] Erfüllt eine Prinzessin nicht

6 Jan von Flocken: Lieselotte von der Pfalz am Hof von Versaille. In: *Die Welt*, 11.08.2007. http://www.welt.de/kultur/history/article1096164/Lieselotte-von-der-Pfalz-am-Hof-von-Versaille.html (Zugriff am 27.01.2015).

7 Helene Walterskirchen: *Prinzessinnen. Märchenfiguren im 3. Jahrtausend.* Wien: Ueberreuter 2001.

8 Christian Feldmann: *Von Aschenputtel bis Rotkäppchen: Das Märchen-Entwirrbuch.* Gütersloh: Gütersloher Verlagshaus 2009.

die Norm der Tugendhaftigkeit, wird ihr, das zeigt Hans Christian Andersens Märchen *Der Schweinehirt*, kein Lebensglück beschert. Wie empfindlich bzw. feinfühlig Prinzessinnen zu sein haben, wird anhand der immer noch berühmten Figur der *Prinzessin auf der Erbse* von Hans Christian Andersen illustriert, wenn dort eine ‚echte' Prinzessin eine Erbse durch zwanzig Matratzen hindurch spüren kann.
Ein Gegenbefund zu der klassischen Symbolfigur der Prinzessin als wunderschöne, tugendhafte und feinfühlige Person stellt der mehrfach ausgezeichnete deutsche Film *Prinzessin* der Regisseurin Birgit Grosskopf aus dem Jahr 2006 dar. Yvonne, Jenny und Katharina sind Mitglieder einer Mädchengang, die sich am Vortag des Haftantritts von Yvonne zwischen den Jahren die Zeit damit vertreiben, dass sie in der Einöde einer Hochhaussiedlung ein junges Mädchen in der S-Bahn angreifen und verprügeln, die lesbische Ärztin Marlene bestehlen, Schutzgeld von einer jungen Frau erpressen und ihrer Rivalin Özlem auflauern, um sie zusammenzutreten. Die drei jungen Frauen feiern den Vorabend des Haftantritts mit Alkohol auf einer Hausparty und in einem Flirt-Club. Yvonne tritt ihre Strafe nicht an, streitet sich mit Katharina und ihrer Mutter, die sie aus dem Haus wirft, sodass Yvonne verzweifelt durch die Straßen zieht, es könnten Straßen in Hamburg, Dortmund oder auch Berlin-Marzahn sein. Sie begegnet der Rivalin Özlem und deren Freundinnen, die sich für den Überfall rächen. Yvonne wird von Özlem gequält, mit einem Messer ins Bein gestochen. Yvonne zieht eine Waffe und erschießt eine der Angreiferinnen. Yvonne flieht, wird von Katharina gefunden, welche die Ärztin Marlene zur Hilfe ruft. Diese alarmiert die Polizei. Yvonne wird festgenommen.
In der Begründung der Jury für die Verleihung des First Steps Awards 2006 heißt es über den Film *Prinzessin*:

> Ein Ghettofilm, der ohne brennende Mülltonnen auskommt, mit Protagonistinnen, die immer gut aussehen und frisch gewaschene weiße Jacken tragen, die als Arzthelferin oder im Hotel arbeiten – das sind nicht die verwahrlosten Kreaturen, die uns nichts mehr angehen. Wir haben einen sehr politischen Film gesehen, der mit einem fast ‚magischen Realismus' erzählt ist. PRINZESSIN ist gegenwartsnah und entrückt zugleich – eine Eiszeit.[9]

9 Zit. n. Prinzessin (Film). In: *Wikipedia*. http://de.wikipedia.org/wiki/Prinzessin_(Film) (Zugriff am 27.01.2015).

Hier wird die Prinzessin Yvonne als brutal, kalt und gewalttätig gezeichnet; vom Prinzessinnen-Klischee bleibt jedoch, so wie auch in der Kritik betont, dass sie immer gut aussieht.
Diese Inszenierung lässt an die Figur der Lara Croft denken, die 1996 als Protagonistin des Video- und Computer Spiels *Tomb Raider* von Toby Gard erfunden wurde. 2001 folgte die erste Verfilmung mit Angelina Jolie in der Hauptrolle.[10] Von Anbeginn an hatten das Aussehen und die Kleidung der Figur eine besondere Bedeutung. So eindeutig die Bekleidungsmerkmale mit dem typischen grünen Body mit den braunen Hotpants, den dunklen Stiefeln, dem kleinen Rucksack sowie den zwei 9-mm-Pistolen sind, so sehr variieren die biographischen Entwürfe zur Figur der Lara Croft. 2013 erscheint die bislang letzte Spielvariation, in der die Entwicklung der Figur der Lara Croft „von einer unsicheren und verängstigten jungen Frau hin zu der aus den bisherigen Spielen bekannten starken und wehrhaften Persönlichkeit"[11] nachgezeichnet wird. Hier wird sozusagen der paradigmatische Wechsel in Bezug auf die Weiblichkeitskonstruktion deutlich, wenn aus der zarten jungen Frau die entschlossene Kämpferin wird, die so dem traditionellen Bild der adligen Frau, mit dem die sie immer konnotiert wird, nicht entspricht. Diese diskursive Klammer zwischen dem zarten, adligen Mädchen und der wilden Kämpferin ist dem körperlichen Wandel der Spielfigur diametral entgegengesetzt.
War die Anfangsfigur mit einer überdimensionierten Oberweite ausgestattet, wurde im Laufe der weiteren Spieleditionen die Figur wirklichkeitsorientierter gestaltet. Der Brustumfang verringerte sich, ihre Kleidung wurde immer bedeckter, um so auch eine weibliche Klientel für das Spiel zu begeistern. Am 24. Mai 2005 titelt die *Rheinische Post* online: „Menschlichere Dimensionen. ‚Lara Croft' erhält eine Brustverkleinerung". Und weiter heißt es:

> An der überdimensionalen Oberweite, der Wespentaille und den schier endlosen Beinen von Cyber-Heldin „Lara Croft" begeistern sich besonders viele Männer. Doch damit soll nun Schluss sein: Die Brüste sollen verkleinert werden und menschliche Formen annehmen […]. Ihre Erfinder von der britischen Firma Eidos wollen damit auch weibliche Klientel anlocken. Im nächsten Videospiel „Tomb Raider: Legend" werde „Lara" statt eines Büstenhalters der

10 Lara Croft. Tomb Raider; USA 15 Juni 2001. http://www.imdb.com/title/tt0146316/ (Zugriff am 01.03.2015).

11 Zit. n. Lara Croft. In: *Wikipedia*. http://de.wikipedia.org/wiki/Lara_Croft (Zugriff am 27.01.2015).

> Körbchengröße DD nur noch einen sehr viel bescheideneren C-Cup benötigen. Zudem seien einige ihrer knappsten Outfits gestrichen worden. Für einen Teil des Spiels trage „Lara" sogar ein züchtiges Sweatshirt mit langen Ärmeln.[12]

Welche vermeintliche Bedeutung Spielfiguren in Bezug auf die Entwicklung von Kindern und ihren sexuellen Orientierungen haben, verdeutlicht Abbildung 2. Mit dieser Logik männlicher Spielfiguren, die der traditionellen, binären, stereotypen Geschlechterordnung mit dem Bild vom starken, tapferen, mutigen, kampferprobten und unbesiegbaren Jungen bzw. Mann entspricht, wird suggeriert, dass Jungen, denen im traditionellen Klischee verhaftete, schönheitsidealisierende Babypuppen oder Prinzessinnen als Spielgegenstände angeboten werden, homoerotische Orientierungen entwickeln. Der nahezu nackte Muskelprotz wird unhinterfragt als normales Spielzeug für Jungen betrachtet, welches suggestiv als zielführend in Richtung auf die Entwicklung einer ‚richtigen' männlichen Identität dargestellt wird. Hier ist nun zweierlei besonders bemerkenswert: Einmal wird ‚männlich' mit ‚heterosexuell' gleichgesetzt. Homoerotische Orientierung wird damit als Abweichung von einer unhinterfragten Männlichkeitsnorm markiert. Auch ist augenfällig, dass der spielerische Umgang mit einer Puppe, die dem traditionellen Klischee der weiblichen Schönheit entspricht, einer Schönheit, auf die ja mit einem solchen Normalitätsdiskurs das Begehren des erwachsenen, ‚richtigen' heterosexuellen Mannes gerichtet sein wird, ihm als Spielzeug zur Gefahr geraten könnte.

Es ist jedoch festzustellen, dass sich immer mehr Eltern und teilweise auch die Spielzeugindustrie von diesen binären Diskursen verabschieden. So antwortet die Genderforscherin Stevie Schmiedeln im Januar 2013 in einem Interview der *taz*[13] auf die Frage: „Ballett tanzende Jungs haben es ja oft nicht so leicht. Angenommen, Ihr Sohn würde, wie im Film ‚Billy Elliott', gemobbt und als schwul beschimpft, weil er tanzt. Was würden Sie ihm sagen?" Hierzu Schmiedeln: „Ich würde ihm Bilder von tollen Tänzern zeigen, die keinem homosexuellen Klischee entsprechen. Ich weiß aber nicht, ob das passieren würde.

12 Menschlichere Dimensionen. „Lara Croft" erhält eine Brustverkleinerung. In: *RP online*, 24.05.2005. http://www.rp-online.de/digitales/games/lara-croft-erhaelt-eine-brustverkleinerung-aid-1.1602140 (Zugriff am 27.01.2015).

13 Interview mit Stevie Schmiedeln: „Rosa Spielzeug und Führungspositionen: Wirst du Merkel, liebt dich keiner", 5. Januar 2013. In: *taz online*. http://www.taz.de/!108454/(Zugriff am 27.02.2015).

Abb. 2

Meine Töchter wachsen mit wundervollen homosexuellen Bezugspersonen auf und mein besagter Ballettfreund[14] ist Patenonkel – und sehr heterosexuell.“ Am 20. Dezemer 2012 weist die *Welt* in ihrer Online-Ausgabe auf den in Schweden von der Ladenkette Top-Toy vorgelegten geschlechtsneutralen Spielzeug-Katalog hin. Auf Beschwerde einer schwedischen Mutter, die bisherigen Spielzeugkataloge würden Geschlechterstereotype tradieren, zeigt der Katalog aus dem Jahr 2012 Mädchen mit Spielzeugpistolen und Fußbällen in der Hand, „während Jungs mit rosa Frisörsets um die Hüfte herumlaufen und mit bunten Schleifen dekorierte Hündchen ausführen.“[15] Die Tendenz zu geschlechtsneutralen oder entstereotypisierenden

14 Stevie Schmiedeln erwähnte im Vorgang zu dieser Passage, dass sie selbst jahrelang mit einem bis auf den heutigen Tag guten Freund Ballet getanzt habe.

15 Clemens Bomsdorf: Schwedens geschlechtsneutraler Spielzeug-Katalog. http://www.welt.de/politik/ausland/article112143741/Schwedens-geschlechtsneutraler-Spielzeug-Katalog.html (Zugriff am 27.02.2015).

Abb. 3

Ansätzen zeigt sich in Schweden auch in der Debatte um die Einführung eines dritten, geschlechtsneutralen Personalpronomens. Neben dem weiblichen Pronomen *hon* und dem männlichen *han* steht seit 2012 *hen* als geschlechtsneutrales Pronomen zur Verfügung.[16]

Werden über eine binäre, traditionelle Geschlechterordnung hinausgehend in Cartoons auch Themen wie Transgeschlechtlichkeit angesprochen, dann lässt sich anhand der Abbildung 3 durch die Äußerungen der einem eher traditionellen Bild von Männlichkeit verhafteten Mutter zweierlei zeigen: Sie verbietet ihrem Sohn, mit Puppen zu spielen oder Mädchenkleider anzuziehen und wirft derjenigen Mutter, die ihrem Sohn die freie Wahl des Spielzeugs ebenso

16 Thomas Steinfeld: Schwedens „Mappas" und „Pammas". http://www.sueddeutsche.de/kultur/debatte-um-geschlechtsneutrale-sprache-schwedens-mappas-und-pammas-1.1309175 (Zugriff am 27.02.2015).

gewährt wie das Tragen von Mädchenkleidern, vor, dass diese ihr Kind entsprechend ihren Wunschvorstellungen in die Rolle eines Mädchens zwängen wolle. Der Zwang, den eigenen Jungen nach stereotypen Vorstellungen von Männlichkeit zu erziehen und womöglich in seiner Entwicklung einzuschränken, wird mit einer scharfen und verletzenden Kritik an akzeptierendem und Freiräume gewährendem, erzieherischem Verhalten übertüncht.

In einem Erfahrungsbericht der Mutter eines sechsjährigen Transmädchens heißt es in Bezug auf Spielzeug, dass Karl, später Lisa, typisches Jungenspielzeug wie Autos, Ritter, Werkzeuge und Fußball abgelehnt oder anders als bei Jungen in seinem Alter üblich genutzt habe. Bei Karl beschützen Ritter die Prinzessin anstatt zu kämpfen, transportieren Autos Puppen und Feen, wird der Ball geworfen und gefangen, ist das Fußballtor ein Spinnennetz und Karl die Spinne. Er nutzt den Werkzeuggürtel tanzend als Bauarbeitertochter. Laut Aussagen der Mutter fragt Karl: „Warum spielen die Jungs immer nur mit Autos und Fußball, warum kämpfen sie andauernd?“ Karl wünscht sich immer mehr Kostüme (unabhängig von Fasching). Zu Hause trägt er oft eine Perücke, die er im Alter von vier Jahren zum Fasching in sein Kostüm als Rotkäppchen integriert. Er schlüpft im Spiel zunehmend in die Mädchenrolle wie Ritterschwester, Jägertochter, Bauarbeitermädchen, Rotkäppchen, Prinzessin, Fee, Goldmarie oder Mädchenmaus. Manchmal hat er sich in einer für die Mutter überraschenden Art und Weise geäußert, wenn er beispielsweise meint: „Meine Haare wehen beim Schaukeln so schön wie Mädchenhaare; schau mal, ich habe ein Mädchenbein; findest du meine Stimme schön.“[17]

An diesem Beispiel lässt sich ablesen, dass Kinder, die dem ihnen bei der Geburt zugewiesenen Geschlecht, in diesem Fall dem männlichen, ihrerseits irritiert sind, wenn andere, sogenannte Jungen anders mit Spielzeug umgehen als das Transmädchen es für sich als ‚normal‘ erachtet. Dieser Perspektivwechsel der Betrachtung macht deutlich, dass nicht nur die Geschlechtergruppe irritiert sein kann, wenn ein biomorphologisch als Junge auftretendes Kind vor der Transition zum Mädchen mit Spielzeug anders spielt als die Mehrzahl der gleichgeschlechtlichen Alterskohorte. Erstaunen, Irritation und

17 Erinnerungen einer Mutter eines sechsjährigen Transmädchens. http://www.trans-kinder-netz.de/pdf/Mutter_von_Lisa.pdf (Zugriff am 27.01.2015).

Abb. 4–7

Überraschungen können ebenso bei denjenigen Kindern auftreten, die sich von der ‚normalen' Spielweise nicht angesprochen fühlen und einen anderen Weg einschlagen. Deutlich wird aber auch, dass das Entdecken und Ausleben der anderen, bislang unüblichen Spielformen einen Freiraum zum Entfalten der Spielwünsche erfordert. Erst wenn ein solcher Freiraum zugestanden wird, können Kinder überhaupt entdecken, wie sie mit welchem Spielzeug umgehen. Dennoch bleibt in Bezug auf das oben angeführte Beispiel festzuhalten, dass das Transmädchen die sogenannten klischeehaften Weiblichkeitsnormen wie schönes wehendes Haar und eine schöne Stimme für sich ungebrochen als Kenntlichmachung der Geschlechterposition annimmt. Hier stellt sich die bislang wenig diskutierte und unbeantwortete Frage, inwieweit beispielsweise Schönheitsnormen dann als weniger einengend betrachtet werden sollen, wenn sie wie im Fall von Lisa als Transmädchen akzeptiert und in das Verhalten bzw. die eigene Subjektpositionierung integriert werden.

Im Board-Heft *The Beauty Issue* der Aegean Airlines von Juli bis Dezember 2014 finden sich oben dargestellte Angebote für Armreifen. Auffällig ist, dass es für die Frauen zwei Sets gibt, die Kinder geschlechtslos angesprochen werden, die Attribute jedoch durch den

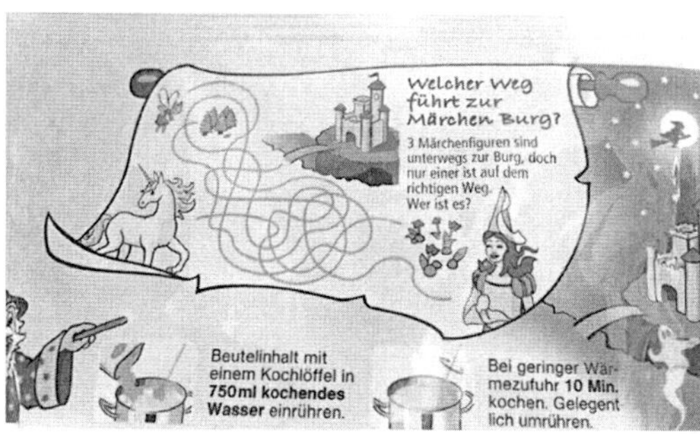

Abb. 8–9

Begriff der Prinzessin darauf hindeuten, dass hier eher sogenannte Mädchen als Zielgruppe dienen. Für Männer wird ein Set mit den klassischen, männlichen Zuschreibungen von Freiheit, Freundschaft, Abenteuer und Erfolg angeboten; lediglich ‚Freiheit‘ wird auch bei dem Set 1 für Frauen genannt, jedoch erst an dritter Stelle.

Wie weit das Narrativ ‚Prinzessin‘ in den Alltag reicht, zeigt ein Blick in das Suppenregal eines Supermarktes, wo es neben der klassischen Frühlingssuppe ja schon lange Buchstaben- und Zahlensuppen gibt und wo auch schon länger einzelne Themen – etwa durch die Hochzeitssuppe – bedient werden. Mittlerweile findet sich hier aber auch Märchensuppe, wo selbstredend eine feenhafte Prinzessin nicht fehlen darf. Und noch ein weiteres Bild aus der ‚Suppenwelt‘:

Abb. 10

Die Sportsuppe wünscht guten Appetit mit deutlichen Geschlechterstereotypisierungen: Der starke Junge strahlt als Gewichtheber oder als glücklicher Rennfahrer, die Mädchen machen eine gute Figur als Reiterin oder adrette Tennisspielerin.

Diese Schlaglichter mögen verdeutlichen, wie auch fast fünfzig Jahre nach der Entstehung der zweiten Frauenbewegung im westeuropäischen und angloamerikanischen Raum Geschlecht immer noch entlang traditioneller Vorstellungen von Weiblichkeit und Männlichkeit konstruiert wird. Geschlechterstereotype Zuschreibungen haben sich nicht grundlegend verändert und die soziale Figur der Prinzessin ist in der Gesellschaft nach wie vor virulent: als real existierende Persönlichkeiten des öffentlichen Lebens, als Märchenfigur und als Werbeträgerin im Alltag. Die Wirkmächtigkeit der bislang geltenden binären Geschlechterordnung scheint ungebrochen, dort, wo sie sich verändert, scheinen sogenannte resistente Reste wirksam zu bleiben, was bestimmte normative Vorstellungen von Weiblichkeit und Männlichkeit bedeutet, wie z. B. Schönheitsideale und Zuschreibungen von Zuständigkeiten für Berufs- und Familientätigkeiten, wenn immer mehr Frauen berufstätig sind und immer mehr Männer sich in Schönheitssalons begeben.

Silberstreifen am Horizont?

Allerdings zeigt sich ein Lichtschimmer hinsichtlich der Frage, welche Geschlechtermodelle favorisiert werden. Von 1999 an habe ich – ausgehend vom sogenannten traditionellen Geschlechterkonzept mit Vorstellungen von der Frau am Herd und dem Mann im Beruf – folgende weitere Geschlechterkonzepte entwickelt: das Geschlechter-Defizit-Konzept: Hier erleben sich Frauen, trotz Frauen-Power und Forderungen nach Gleichberechtigung, im Vergleich zu Männern als defizitär; die männliche Normalbiographie gilt als normatives Regulativ für Frauen; männliche Geschlechterrollenbilder bleiben eher unhinterfragt.[18] Mit dem Konzept vom Geschlechtertausch hingegen, welches sich im Slogan: Karrierefrau sucht Hausmann[19] niederschlägt, werden die traditionellen Rollenmuster gegeneinander ausgetauscht. Mit dem Geschlechter-Differenz-Konzept wird schließlich die Frau als das weibliche und damit vermeintlich bessere Wesen gefasst. Essentialistische Vorstellungen von Weiblichkeit bilden die normative Richtschnur und legen fest, wer als ‚richtige‘ Frau zu gelten hat. Für ihren beruflichen Erfolg suchen Frauen sich neue, eigene Wege. Unterschiede in Interessen, Verhalten und Fähigkeiten von Mädchen und Jungen werden als biologisch bedingt betrachtet. Traditionelle, stereotype Vorstellungen vom Frau-Sein werden aufgewertet. Erst mit dem Geschlechter-Differenz*en*-Konzept findet ein Abschied von Vorstellungen vom Wesen des weiblichen und männlichen Geschlechts statt; Unterschiede zwischen Frauen, zwischen Männern und zwischen den Geschlechtern werden thematisiert. Die Perspektive auf Pluralität als Existenzmuster ist eröffnet, bleibt jedoch zunächst noch binär verfasst.

2005 wurden alle luxemburgischen Lehramts-Studierenden und zukünftige Erzieher_innen (n = 1.200) u. a. hinsichtlich ihrer Favorisierung der Geschlechterkonzepte quantitativ und qualitativ befragt.[20]

18 Christel Baltes-Löhr: Geschlechterpluralitäten als Existenzmuster. In: Heinz Sieburg (Hrsg.): *„Geschlecht“ in Literatur und Geschichte.* Bielefeld: Transcript 2015, S. 19–45, hier S. 35.

19 Karrierefrau sucht Hausmann – Egoloose der Männlichkeit? In: Dülmener Zeitung, 10.02.2014. http://www.dzonline.de/Freizeit/Ratgeber/Karriere/2014/05/1443497-Karriere-Karrierefrau-sucht-Hausmann-Egoloose-der-Maennlichkeit (Zugriff am 10.03.2015).

20 Dies. / Michelle Brendel / Paul Dumont / Sylvie Kerger / Marianne Tholl-Hoesdorff: *Die Bedeutung des Geschlechteraspektes für die berufliche und persönliche Entwicklung/Biographie von zukünftigen Erziehenden und Lehrenden. Projektbericht in Kooperation mit dem luxemburgischen Ministerium für Chancengleichheit.* Luxemburg: Selbstverlag 2005.

Geschlechterkonzepte	Ausprägungen	2005 (%)
Geschlechter-Defizit-Konzept	Power Frau – Männlichkeit als normatives Regulativ	9,5
Geschlechter-Differenz-Konzept	Die Frau, das weibliche, das bessere Wesen – Weiblichkeit als normatives Regulativ	65,1
Geschlechter-Differenzen-Konzept	Abschied von der Wesenhaftigkeit der Geschlechter	25,4

Es zeigt sich hier ein deutlicher Schwerpunkt hinsichtlich des Geschlechter-Differenz-Konzeptes, dem sich 65,1 % von 58 interviewten Personen zuordnen ließen. Die Auswertung des Fragebogens hat gezeigt, dass Männer jeweils in stärkerem Ausmaß als Frauen den Aussagen des Geschlechter-Defizit-Konzeptes und dem Geschlechter-Differenz-Konzept zustimmen. Diese Zustimmungen gehen mit einem traditionellen Familienbild, einer unkritischen Haltung gegenüber traditioneller Rollenverteilung und einer negativen Haltung gegenüber Homosexualität einher. Auch ist die Betonung des gemeinsamen Erledigens von haushälterischen Tätigkeiten etc. *nicht* als Indikator für ein fortschrittliches, nicht traditionelles Geschlechterverständnis zu betrachten, sondern kann durchaus mit einer stark ausgeprägten, traditionellen Vorstellung von Geschlechterrollen einhergehen. Mütterlichkeit wird immer noch als *das* Kennzeichen von Weiblichkeit verstanden. Männer, die Kinder erziehen wollen, müssen das erst lernen. Frauen gelten auch immer noch als diejenigen, die besser zuhören können und/oder als Vertrauensperson fungieren.

2009 folgt eine quantitative Befragung aller Lehrenden in luxemburgischen Schulen (n = 9.000) u. a. zu ihren Vorstellungen von Geschlecht.[21] Kann, wie oben erläutert, das Geschlechter-Differenzen-Konzept am ehesten als dasjenige betrachtet werden, das sich deutlich von klassischen Rollenmustern abhebt und somit auf eine Überwindung traditioneller Rollenmuster hindeutet, dann zeigt sich ein erstaunlich klares Ergebnis: gleich verteilte Aufgaben und Verantwortlichkeiten scheinen bei immer mehr Frauen *und* Männern als Orientierung für

21 Christel Baltes-Löhr / Karin Weyer in Kooperation mit Serge Berens / Kerstin Michalik / Tom Michels / Rachel Reckinger / Martin Weber / Simone Zunker: *Die Bedeutung des Geschlechteraspektes für die luxemburgische Praxis in Vor-, Grund- und Sekundarschulen. Projektbericht in Kooperation mit dem luxemburgischen Ministerium für Chancengleichheit.* Luxemburg: Selbstverlag 2009.

die Gestaltung der Geschlechterverhältnisse zu dienen. Dies lässt auf eine Verabschiedung der Vorstellungen von Geschlecht als angeboren schließen.

Ausgehend von diesen Geschlechter-Konzepten habe ich für eine repräsentative Befragung der luxemburgischen Bevölkerung (2010; n = 1.500)[22] fünf, immer noch binär verfasste Geschlechter-Modelle entwickelt, die dann in einer weiteren Befragung aller Eltern und Erzieher_innen in öffentlichen Kindertagesstätten für Kinder im Alter von 0–4 Jahren (2013; n = 1.582)[23] sowie in einer repräsentativen Befragung der luxemburgischen Bevölkerung und der Großregion (2014; n = 3.300)[24] wieder Gegenstand der Untersuchung waren.

Geschlechter-Modelle	Luxemburg 2010 (%)	2013 Eltern (%)	2013 Erzieher_innen (%)	Luxemburg 2014 (%)	Großregion 2014 (%)
n =	1.500	492	1.090	1.021	1.279
Traditionelles Hausfrauenmodell	12	7	7	8	8
Doppelbelastung der Frau	17	33	42	15	16
Egalitäres Geschlechtermodell	70	56	47	66	63
Doppelbelastung des Mannes	0,5	2	2	0	1
Hausmannmodell	0,5	2	2	1	1

22 Christel Baltes-Löhr / Agnes Prüm / Rachel Reckinger / Christian Wille: Alltagskulturen und Identitäten. In: IPSE – Identités, Politiques, Sociétés, Espaces (Hrsg.): *Doing Identity in Luxembourg. Subjektive Aneignungen – Institutionelle Zuschreibungen – Soziokulturelle Milieus.* Bielefeld: Transcript 2010, S. 235–293.

23 Christel Baltes-Löhr in Kooperation mit Anette Schumacher: *Zufriedenheit im Kontext von Beruf und Familie in Luxemburg.* Leverkusen: Budrich (im Erscheinen).

24 Markus Hesse / Sonja Kmec / Rachel Reckinger / Christian Wille (Hrsg.): *Räume und Identitäten in Grenzregionen. Politiken – Medien – Subjekte.* Bielefeld: Transcript 2014.

Die Ergebnisse zeigen eine erstaunlich stabile Präferenz des egalitären, gleichberechtigten Geschlechtermodells. Gleichberechtigtes Miteinander und das Teilen von Rechten und Pflichten in Beruf und Alltag bleiben laut Untersuchungsergebnissen solange signifikant, bis das erste Wunsch-Kind geboren wird, wenn sozusagen der Prinz oder die Prinzessin Einzug hält in das bis dahin zwischen den Eltern möglicherweise ausgewogene und gleichberechtigte Miteinander.

Überwindung binär verfasster Eindeutigkeiten der Geschlechterordnung im Märchen

Im Rahmen des IV. Mittelfristigen Aktionsprogrammes der Gemeinschaft für die Chancengleichheit von Frauen und Männern fand unter Leitung des luxemburgischen Frauenministeriums, später Ministerium für Chancengleichheit, von 1996 bis 2001 das Projekt „Partageons l'égalité – Gläichheet delen – Gleichheit teilen" zusammen mit Partner_innen aus Österreich, Belgien und dem Saarland statt. Neben zahlreichen Aktivitäten wurde im Rahmen dieses Projektes vom luxemburgischen Sonnentheater das Märchen *D'Lüsterprinzessin an de Ritter Schuddereg*[25] als Marionettentheater kreiert, welches in mehrsprachiger Version in den schulischen Alltag der Vor- und auch Grundschulen integriert wurde – ebenso wie ein pädagogisches Handbuch mit Ideen zur Umsetzung und Bearbeitung des Märchens für die Altersgruppe der 4–6-jährigen Kinder. In dem Märchen verliert eine Prinzessin am Vorabend ihrer Hochzeit durch einen Feuer speienden Drachen alles – bis auf einen Kristallleuchter, der ihr von nun an als Kleid dient. Die Lüsterprinzessin macht sich auf den Weg, ihren Prinzen im tiefen Wald zu suchen, trifft dort jedoch auf den allseits gefürchteten Ritter Schaudermann. Gemeinsam und mit gegenseitiger Unterstützung bestehen die Prinzessin und der Ritter Abenteuer. Beide erweisen sich als mutig *und* stark, haben sowohl Angst als auch große Abenteuerlust. Als sie den Prinzen beim Drachen finden, stellen die Lüsterprinzessin ebenso wie der Prinz fest, dass es zwischen ihnen nicht allzu viele Gemeinsamkeiten gibt. Frohen Mutes zieht die Lüsterprinzessin zusammen mit dem Ritter und dem Drachen, der sich auch vorstellen kann, andere Dinge zu tun, als immer nur zu kämpfen, in die Welt.[26]

25 Deutsch: *Die Lüsterprinzessin und der Ritter Schaudermann.*

26 Vgl. ebd., S. 58.

Dass sowohl die Prinzessin als auch der Ritter stark *und* schwach, mutig *und* ängstlich sind, entspricht den Forschungsergebnissen von Bronwyn Davies, wenn sie sagt, dass eine einfache Umkehr der Geschlechterrollen dahingehend, dass die Mädchen/Frauen nun die Starken und die Prinzen die Unterlegenen sind, z. B. bei Mädchen im Alter von 4–7 Jahren auf weniger positive Resonanz stößt.[27] Mit der *Lüsterprinzessin und dem Ritter Schaudermann* wird deutlich, wie ‚Sowohl-als-auch-Figuren‘ einer ent-stereotypisierenden, geschlechterübergreifenden Rollenzuschreibung nahe kommen, wobei die Figuren jedoch immer noch von einem binären Korsett geschnürt werden. Als Projektkoordinatorin konnte ich zusammen mit einer Gruppe von sechs Vorschullehrerinnen pädagogisches Material erarbeiten, welches sich auf die sprachlich, zeichnerisch und körperlich darstellende Ebene bezog und die Erfahrungen der am Projekt beteiligten Lehrerinnen beispielhaft dokumentierte.[28] Alle Schulklassen besuchten die Aufführung des Marionettentheaters. Es gab eine Vor- und eine Nachbereitungsphase. Im Rahmen der Vorbereitungsphase hatten die Lehrerinnen mit den Kindern über deren Vorstellungen hinsichtlich einer Prinzessin und eines Ritters gesprochen. Eine Lehrerin berichtete, dass die Kinder auf ihre Fragen: „Was ist eine Prinzessin?“ und „Was macht eine Prinzessin?“ Folgendes antworteten:[29]

> Christian: Sie macht nichts, sie ist schön.
> Jack: Sie verheiratet sich.
> Tom: Sie tanzt.
> Noemi: Sie spielt draußen mit den Kindern.
> Alessandra: Sie macht sich schön.
> Johnny: Sie schaut aus dem Burgfenster nach draußen.
> Danielle: Sie schaut vom Balkon.
> Jack: Sie sitzt auf einem gelben Stuhl.
> Tom: Sie geht im Park spazieren. Sie geht in den Wald, dorthin wo kein Matsch ist.
> Noemi: Sie reitet mit dem Pferd.
> Tom: Sie fährt mit dem Ritter Boot.
> Alessandra: Sie fährt mit der Kutsche im Park.
> Noemi: Sie geht mit dem Prinzen picknicken.

27 Christel Baltes-Löhr: Die Lüsterprinzessin und der Ritter Schuddereg. In: Bundesministerium für Unterricht und kulturelle Angelegenheiten (Hrsg.): *Geschlechtssensible Pädagogik in Kindergarten & Vorschule*. Wien: Amedia, 1999, S. 56–60, hier S. 59.

28 Ministerium für Chancengleichheit (Hrsg.): *D'Lüsterprinzessin an de Ritter Schuddereg. Pädagogisches Material.* Luxemburg: Selbstverlag 2000.

29 Ebd., S. 31–32. Aus dem Luxemburgischen hier und im Folgenden übersetzt von Christel Baltes-Löhr.

Tom: Sie geht Blumen pflücken.
Noemi: Sie malt.
Alessandra: Wenn sie mit Wasserfarben malt, hat sie eine Küchenschürze um, damit sie nicht schmutzig wird.
Noemi: Sie geht in den Cactus [Luxemburgische Supermarktkette, Anm. C. B.-L.].
Danielle: Sie geht ins Schloss zum Kaffeetrinken.
Alessandra: … zusammen mit dem Prinzen oder mit ihren Freundinnen.
Noemi: Sie spielt Klavier.
John: Sie geht in Bett.
Tom: Sie putzt sich die Zähne und wäscht sich.
Tom: Sie putzt das Haus.
Christian: Sie wäscht.
Alessandra: Sie hängt die Wäsche auf.
Joe: Sie hat eine Katze
Ein anderes Kind: Sie hat eine Putzfrau.[30]

Auf die Fragen der Lehrerin: „Was ist ein Ritter?" und „Was macht ein Ritter?" antworteten die Kinder folgendermaßen:

Tom: Er kämpft gerne.
Michel: Er hält Wache an der Tür.
Michel: Er muss kämpfen, wenn ein Böser kommt.
Johnny: Er tanzt mit der Prinzessin.
Noemie: Er geht fischen; er geht essen.
Alessandra: … Pizza.
Ilena: … Fisch.
Alle Kinder sagen: Er hat immer eine Rüstung an.
Christian: Wenn ein Böser kommt, fragt er den König, ob es ein Böser oder ein Lieber ist. Wenn er sich schlafen legt, zieht er die Rüstung aus.
Johnny: Er fährt Auto.
Jack: Er verheiratet sich mit der Prinzessin.[31]

Nach dem Besuch der Theateraufführung sprachen die Lehrerinnen mit den Kindern über deren Eindrücke und stellten fest, dass die Mädchen und die Jungen zwar einerseits teilweise irritiert waren durch das Verhalten der Prinzessin, des Ritters, des Drachens sowie des Prinzen, dass sie jedoch bis auf wenige Ausnahmen die Konsequenz der Prinzessin, mit dem Ritter und dem Drachen in die Welt zu ziehen, anstatt mit dem Prinzen zum Schloss zurückzukehren, nachvollziehen konnten und für gut befanden.[32]

30 Ministerium für Chancengleichheit (Hrsg.): *D'Lüsterprinzessin an de Ritter Schuddereg*, S. 32.

31 Ebd.

32 Vgl. ebd., S. 44.

Abb. 11

Auf die Frage einer Lehrerin, wer sich am meisten fürchten müsse, antworteten die Kinder:

> Der Prinz, weil er meint, dass er aufgefressen wird.
> Die Prinzessin fürchtet sich auch.
> Der Ritter Schudderech hat Angst vor Spinnen.[33]

Belegen die letztgenannten Auszüge, dass Kinder Verhalten jenseits traditioneller Stereotypsierungen erkennen und benennen, bleibt doch nicht zu vernachlässigen, dass bei Kindern im Alter von 4–6 Jahren traditionelle Geschlechterrollenbilder verankert sind.
Andere Märchen, wie *Prinzessin Isabella*, *Der schüchterne Drache*, *Vom Ritter, der sich im Finstern fürchtete*, die ebenfalls ent-stereotypisierte Geschlechterrollen bereithalten, wurden den Kindern von den Lehrerinnen erzählt.

33 Ebd., S. 45.

In den Vorgesprächen zum Theaterbesuch von *Die Lüsterprinzessin und der Ritter Schaudermann* erzählten die Lehrerinnen den Kindern die Geschichte bis zu der Stelle, an der der Drache den Prinz aus dem Schloss raubt. Danach wurden die Kinder dazu eingeladen, sich zu überlegen, wie die Geschichte möglicherweise weitergeht. Lebhafte Fantasien wurden geäußert, die an dieser Stelle jedoch nicht nachgezeichnet werden sollen. Vielmehr geht es um eine Passage in einem der Gespräche, als eine der Lehrerinnen einige der Jungen fragte, was sie denn an der Stelle der Prinzessin machen würden, wenn der Drache ‚ihren' Prinzen rauben würde. Es entstanden deutliche Irritationen bei den Jungen sowie bei den Mädchen und es dauerte eine ganze Weile, bis einer der Jungen sich in die Rolle der Prinzessin hineinversetzen konnte und von dieser Perspektive aus Lösungen entwickelte, wie z. B. einen anderen Drachen zu Hilfe zu rufen. Interessanterweise konnten dann auch die anderen Jungen, wenn auch immer noch zögerlich, die Perspektive der Prinzessin einnehmen.[34]

Ausblick

Die letztgenannte Textpassage lässt an Kinder denken, die in Kindergärten oder Schulen als Transmädchen, Transjungen oder als intergeschlechtliche Kinder einen Teil ihres Alltags verbringen. Sie finden in der Realität, aber auch in Märchen und anderen Geschichten selten Vorbilder und stoßen oftmals immer noch sowohl bei anderen Kindern als auch beim pädagogischen Fachpersonal auf Unwissenheit und Verhaltensunsicherheiten. Soweit ich weiß, gibt es bislang keinerlei Märchen mit trans- oder intergeschlechtlichen Personen oder gar Protagonist_innen.

Ebenso wie aber die Lüsterprinzessin und der Ritter Schaudermann im Märchen ihre traditionelle Zuschreibungen zu Weiblichkeit und Männlichkeit ansatzweise überwinden, gilt es zukünftig in der Pädagogik – aber auch in Forschung und Lehre –, umfassenderen Raum zu schaffen für eine Vervielfältigung der Figur der Prinz_essin als transmännliche, transweibliche oder Intersex-Figur im Rahmen einer allgemeinen geschlechtersensiblen Pädagogik, die sich jenseits einer binären Geschlechterordnung und somit innerhalb der Polyphonie von veränderbaren, polypolaren, pluralen und auf einem Kontinuum

34 Vgl. Ministerium für Chancengleichheit (Hrsg.): *D'Lüsterprinzessin an de Ritter Schuddereg*, S. 25–26.

verfassten Geschlechteridentitäten bewegt. Mit der Definition von Geschlechtern in ihren physischen, psychischen, sozialen und sexuellen Dimensionen, kann dann auch die Verabschiedung von der Geschlechterkategorie als binäre, dichotome und heteronormative Strukturkategorie gesellschaftlicher Ordnungen einhergehen.[35]

In einer geschlechterreflektierenden bzw. geschlechtssensiblen Pädagogik werden faktisch vorhandene Unterschiede zwischen Geschlechtern erkannt und individuelle Entwicklungsmöglichkeiten jenseits vorgegebener Klischees angeboten.[36] Eine solche Pädagogik fördert und fordert Vielfalt von Lebensentwürfen junger Menschen gleich welchen Geschlechts, setzt sich bewusst mit stereotypen Geschlechterbildern auseinander und stellt sie in Frage. Homo-, bi- und andere sexuelle Orientierungen werden enttabuisiert. Es wird auf eine Zuschreibung homosexueller Orientierungen bei Trans- und Intersex-Personen verzichtet. Ein solcher Ansatz respektiert die Vielfalt der Lebenslagen und Haltungen von Kindern und Heranwachsenden und reflektiert gemeinsam mit ihnen ihre Vorstellungen vom eigenen Weg. Es werden individuelle Entwicklungsmöglichkeiten außerhalb traditioneller Rollenvorstellungen angeboten und im pädagogischen Alltag erprobt.[37] Kennzeichnend für ein solches Konzept sind folgenden Annahmen: Geschlechter werden als Ergebnisse sozialer Konstruktionsprozesse betrachtet und gelten damit als veränderbar. Geschlechter und Geschlechterverhältnisse entstehen innerhalb eines historischen, kulturellen und sozialen Kontextes. In Bezug auf Geschlechter und Geschlechterverhältnisse sind immer noch stereotype Vorstellungen wirksam, ebenso wie Annahmen von Höher- bzw. Minderwertigkeit eines Geschlechts oder bestimmter Geschlechtsmerkmale. Geschlechter werden immer noch häufig im Kontext einer dualistischen Geschlechtlichkeit betrachtet. Vor einem solchen Hintergrund trägt eine geschlechterreflektierende bzw. geschlechtssensible Pädagogik dazu bei, dass Geschlecht als soziales Unterscheidungskriterium an Bedeutung verliert. Eine solche Pädagogik richtet

35 Christel Baltes-Löhr: Immer wieder Geschlecht – immer wieder anders. Versuch einer Begriffsbestimmung. In: Dies. / Schneider (Hrsg.): *Normierte Kinder*, Bielefeld: Transcript 2014, S. 17–40, hier S. 33.

36 Vgl. Christel Baltes-Löhr: Erzieherische Angebote. Von binären zu geschlechterpluralen Ansätzen. In: Dies. / Schneider (Hrsg.): *Normierte Kinder*, S. 337–366. Dort weiterführende Literatur zum Thema geschlechtersensible, geschlechterneutrale Pädagogik

37 Vgl. Vernetzungsstelle für Gleichberechtigung.

sich an alle Geschlechter und eröffnet allen Geschlechtern Chancen zur Entwicklung und Realisierung eigener Vorstellungen – auch von Geschlecht. Ein solcher Ansatz setzt sich bewusst mit stereotypen Geschlechterbildern auseinander und ist sensibel für tatsächlich existierende Geschlechterverhältnisse und die damit immer noch verbundenen vorherrschenden Diskriminierungen. Für pädagogische Fachkräfte, die sich einem solchen Ansatz verschreiben, ergibt sich die Notwendigkeit der Reflexion der eigenen Vorstellungen und Bilder von Geschlechtlichkeit sowie des eigenen Verhaltens als geschlechtlich verortete Person. Folgende Fragen können bei einer solchen Reflexion als hilfreich erachtet werden: Welche Normen und Werte sind in meinem beruflichen Handlungsfeld von Bedeutung? Welchen Raum nehmen unterschiedliche kulturelle Gewohnheiten und Traditionen im pädagogischen Alltag ein? Gibt es im pädagogischen Alltag einen kulturellen Dominanzdiskurs? Welche Möglichkeiten haben Adressat_innen, ihre kulturellen, ethnischen altersspezifischen oder auch religiösen Vorstellungen und habituelle Gepflogenheiten im pädagogischen Alltag einzubringen? Welche religiösen Feste werden gefeiert? Welche kulturellen Bräuche spielen im pädagogischen Alltag eine Rolle? Welche Märchen sind den Kindern bekannt, je nachdem woher die Kinder kommen? Welche Rolle spielen in diesen Märchen Prinzessinnen und Prinzen?

Eine kritische Auseinandersetzung mit der Figur Prinz_essin jenseits der Geschlechterbinarität könnte zu einer Vervielfältigung der Geschlechterkonnotationen des Narrativs ‚Prinz_innen' führen. Das Narrativ könnte lediglich als Transit-Station beim Abbau des Narrativs selbst betrachtet werden, so dass Kinder jedweden Geschlechts zukünftig solche Projektionsfiguren weniger ernst nehmen, wie es sich in der Aufschrift des eingangs zitierten Schlüsselanhängers andeutet, wenn dort Prinzessin-Sein konnotiert wird mit dem Ausbruch aus möglicherweise einschränkenden, einengenden Lebenssituationen, die am besten hinter sich gelassen werden, um sich mit einer gehörigen Portion verschmitzter Aufbruchstimmung von allem zu distanzieren und in der Rolle einer eher ungewöhnlichen Prinzessin einen Freiraum zu finden für eigene Entwicklungen jenseits eines normativ einschürenden Geschlechterkorsetts. So würde die traditionelle Prinzessinnenrolle umgeschrieben, neugefasst und als möglicher Fluchtpunkt für pfiffige Austeigerinnen markiert.

Und noch ein letztes Fundstück: Kürzlich veröffentlicht der *Trierische Volksfreund*[38] im Programm für den ersten verkaufsoffenen Sonntag am 4. Januar 2015 folgenden Hinweis: „15 Uhr: Beginn der PS-Monatsauslosung (Glücksfee: TBB-Spieler Dennis Kramer)"[39] – richtungsweisend, wenn gestandene Sportler als Glücksfee ausgewiesen werden? War hier der Zufall am Werk oder einfach nur Unbedachtheit oder zeigt sich gar eine neue Normalität?

38 *Trierischer Volksfreund*, 03./04.01.2015, S. 5.

39 TBB ist der Oberbegriff für die Treveri Basketball AG, den Treveri Basketball e. V. sowie den Trierer Basketball e. V.

Ah du armes Prinzessin

Marija Skara

9
9
12
ma-la
su
Terv
Välk
Wel

ZUHAUSE UND

ATION
T BERLIN
AFÉ · BAR

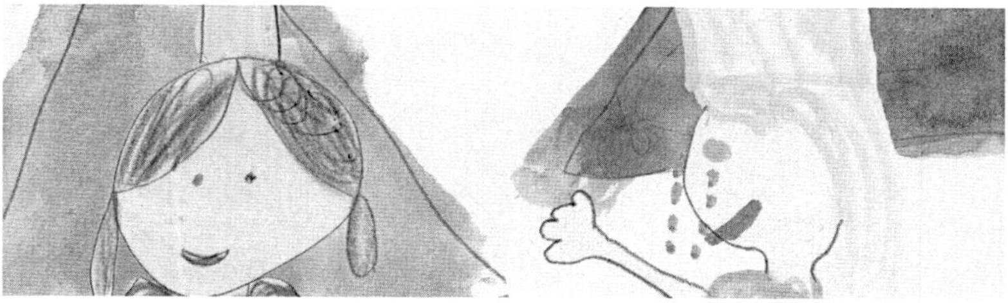

Becoming a Magical Pony-Princess

Die Neuinterpretation der Prinzessinnenfigur als Identifikationsangebot in *My Little Pony – Friendship is Magic*

Tamara Werner / Aleta-Amirée von Holzen

> From one to another, another to one, a mark of one's destiny singled out alone fulfilled. […] From all of us together, together we are friends. With the mark of our destinies made one, there's magic without end.[1]

Freundliche Ponys in allen Farben bevölkern das fantastische Land Equestria, den Handlungsort der Zeichentrickfilmserie *My Little Pony – Friendship is Magic*[2]. Im Herzen dieser von Magie erfüllten Welt – die immer wieder Anspielungen an fest in der populärkulturellen Imagination verankerte Schauplätze und Ikonen bietet[3] – liegt das beschauliche Städtchen Ponyville. Von Landwirtschaft und Kleinunternehmen geprägt, lässt seine Gestaltung eine Rückbesinnung auf vorindustrielle Zeiten erkennen, als entpersonalisierte Arbeit und Kapitalismus noch fern waren. Es stellt so ein Stück ‚heile Welt' dar,[4] in dem die drei Ponyarten Equestrias – Erdponys, Pegasi und magiebegabte Einhörner – friedlich zusammenleben.

Die Ponys erhalten durch runde, simplifizierte Formen, die an das sympathiefördernde Kindchenschema denken lassen, eine einheitliche Niedlichkeit. Dennoch fehlt es ihnen nicht an Individualität,

1 *My Little Pony – Friendship is Magic*, S03/E13.

2 Die Zeichentrickfilmserie *My Little Pony – Friendship is Magic* (im Folgenden mit *MLP* abgekürzt) umfasst bisher 91 Episoden in 4 Staffeln (2011–2014) und 2 TV-Filme (2013 und 2014); Staffel 5 ist geplant. Sie ist Teil des Medienverbunds – u. a. diverse Spielzeug-Artikel, Begleitbücher, Comics und Computerspiele – um die von Hasbro seit 1983 produzierte Franchise *My Little Pony* und soll diese stärken und fördern.

3 *MLP* spielt mit intertextuellen Bezügen und ‚ponifiziert' Schauplätze wie Manehattan oder Fillydelphia ebenso wie reale und fiktionale Figuren, z. B. Anna Wintour als Pony Photo Finish oder Indiana Jones als (weibliche) Daring Do.

4 Zur Entrückung Equestrias trägt bei, dass Geräte wie Fernseher oder Computer unbekannt sind – Ponys orientieren sich an Printmedien, selten gibt es Filmvorführungen. In S02/E15 erhält die automatisierte industrielle Produktion eine explizite Absage, da sich hausgemachte Produkte als qualitativ besser erweisen.

die durch unterschiedliche Farbzeichnungen, Accessoires, Stimmen, Charakterzüge sowie das sogenannte ‚Cutie Mark' hergestellt wird. Bei Letzterem handelt es sich um eine kleine ‚Zeichnung' auf der Flanke eines jeden Ponys, welche dessen Charakter symbolisiert und meist auch mit dessen Namen korreliert. Jedes Pony hat besondere Eigenschaften, Kompetenzen und Vorlieben, die es in die Pony-Gesellschaft einbringen kann und mit denen es meist seinen Lebensunterhalt bestreitet. Alle Ponys scheinen ihrer individuellen Berufung nachzukommen, die tägliche Arbeit ist somit gewollte Passion. Individualität ist hier die Norm, die gemeinsam mit dem Ziel der Freund(schaft)lichkeit die Grundpfeiler der Gesellschaft bildet.

Im Zentrum der gezeigten Bevölkerung Ponyvilles stehen vor allem junge Ponys; ‚Kleinkinder' und alte Figuren stellen Ausnahmen dar. Ebenso sind männliche Figuren auffallend unterrepräsentiert – was den Fokus auf die jungen weiblichen Charaktere verstärkt und vor allem der primären Zielgruppe junger Mädchen geschuldet ist.[5] Wie in anderen Trickfilmserien drücken sich in *MLP* Erwartungshaltungen von Herstellern aus, die der Zielgruppe Mädchen lieber simplifizierte, konsumgerichtete, rosa-dominierte Welten im Stile einer Barbie oder Lillifee[6] präsentieren als komplexere Stoffe. Die vermisste Komplexität hängt mit den Reglementierungen zusammen, denen Stoffe für Kinder zwecks Altersfreigabe unterliegen. Diese ‚Unterkomplexität' ist in *MLP* jedoch weniger deutlich ausgeprägt, denn die ‚reduzierte' und süße Welt wird mit vielfältigen intertextuellen Bezügen, komplexen Charakteren und Handlungssträngen angereichert. In Verbindung mit der vermittelten positiven Lebenseinstellung[7] kann dies

5 Medienprodukte sind komplexe Werke, bei deren Entstehung mehrere Parteien mit verschiedenem Wissen und Zielen involviert sind. Die Herausforderungen, die sich dadurch ergeben, spricht Lauren Faust, die geistige Mutter der Serie, in diversen Interviews an. Sie betont, dass verschiedene Aushandlungsprozesse am Werk sind (Faust: My Little NON-Homophobic, NON-Racist, NON-Smart-Shaming Pony: A Rebuttal. In: *Ms. Magazine Blog*, 24.12.2010, http://msmagazine.com/blog/2010/12/24/my-little-non-homophobic-non-racist-non-smart-shaming-pony-a-rebuttal/ (Zugriff am 20.2.2015) und ‚Tekaramity': Exclusive Season 1 Retrospective Interview with Lauren Faust. In: *Equestria Daily*, 16.9.2011. http://www.equestriadaily.com/2011/09/exclusive-season-1-retrospective.html (Zugriff am 20.2.2015)).

6 Zur Analyse von Lillifees Konsumwelt vgl. Gerda Wurzenberger: „Konsumträume von zart und rosa bis schön und reich. ‚The Discourse of Girlhood' an Beispielen von *Prinzessin Lillifee* bis *Gossip Girl*." In: *kjl&m* 4 (2012), 46–52.

7 Vgl. Katriina Heljakka: *Principles of Adult Play(fulness) in Contemporary Toy Cultures*. Helsinki: Aalto ARTS Books 2013, S. 334.

mitbegründen, warum *MLP* auch bei Jugendlichen und Erwachsenen sehr beliebt ist.[8]

Eigentliche Hauptfigur der Serie ist das Einhorn Twilight Sparkle. Sie wird von der Hauptstadt Canterlot nach Ponyville geschickt, um sich in der ländlichen Ruhe ihren Magie-Studien zu widmen. Ehrgeizig vergräbt sie sich in Bücherberge, um ihrem Idol, der weisen Prinzessin Celestia, der Herrscherin über Equestria, nachzueifern und sie stolz zu machen. Vor ihrer eigenen Disziplin muss Twilight oft geradezu ‚bewahrt' werden – dieser Aufgabe nehmen sich ihre besten Freundinnen mit Leidenschaft an. Denn die quirlige Pinkie Pie, die draufgängerische Rainbow Dash, die sanfte Fluttershy, die kultivierte Rarity und die bodenständige Applejack wissen genau, dass zum erfüllten Leben auch Spaß und Freunde gehören. An ihrer Freundschaft müssen die Ponys immer wieder arbeiten, denn selbst in der aparten Zeichentrickwelt ist der Alltag nicht frei von Missverständnissen, Zwistigkeiten, beruflichen und persönlichen Herausforderungen. Tangiert wird dieser Alltag durch *fantasy*-typische Abenteuer, in denen die Protagonistinnen feindliche EroberInnen abwehren müssen.

Obwohl die ‚bürgerlichen' Ponyfreundinnen im Fokus stehen, treten immer wieder Prinzessinnenfiguren auf, die im Zentrum dieses Beitrags stehen: die Schwestern Celestia und Luna, Prinzessin Cadence und Twilight.

Prinzessinnen als mythische Herrscherinnen und gütige Mentorinnen

Die zentrale Herrscherinnenrolle haben die Prinzessinnen Celestia und Luna inne, die in der Hauptstadt Canterlot in einem imposanten Schloss residieren. Besonders der älteren Celestia obliegt es, die Geschicke des Reiches zu lenken, doch umfasst ihr Aufgabenkatalog auch Repräsentationspflichten. Die Prinzessinnen stehen an der Spitze der royalen Hierarchieleiter; auf ihre Eltern und damit mögliche KönigInnen Equestrias wird (bis jetzt) in der Serie nicht eingegangen. Dieser Mangel an Hintergrund lässt vermuten, dass es sich bei ihnen um geborene Prinzessinnen handelt, sodass sie die klassisch-dynastische Abstammung der Prinzessinnenfigur zu repräsentieren scheinen. Von Liebes- oder Ehepartnern für die starken

8 Dies lässt sich etwa an der starken Fan-Aktivität im Internet und auf Conventions ablesen. Männliche Fans nennen sich ‚Bronies' (aus Brothers und Ponies – vgl. ebd.).

Schwestern ist nie die Rede – das vor allem für Märchenprinzessinnen unvermeidbare Ziel der Heirat[9] erübrigt sich. Da die für eine Dynastie zentralen Elemente einer Blutlinie sowie politisch sinnvolle Heiratsverbindungen entfallen, erfährt das traditionelle Prinzessinnenkonzept eine erste Modifizierung: Die Position der Prinzessin ist nicht mehr in ein Abhängigkeitsverhältnis – weder von Eltern noch von Ehegatten – eingebunden.

Vielmehr haben die Schwestern für ihr Reich eine unverzichtbare Funktion: Celestia sorgt für den Sonnenaufgang, Luna für den Mondlauf. Damit ermöglichen diese zwei gegensätzlichen Prinzessinnen durch ihre Magie das Leben in Equestria erst, denn ohne den Wechsel von Tag und Nacht wäre Vegetation unmöglich. „Once upon a time […], there where two regal sisters who ruled together and created harmony for all the land. […] Thus, the two sisters maintained balance for their kingdom and their subjects, all the different types of ponies“[10], heißt es in der ersten Folge. Das Wohlergehen von Land und Volk hängt direkt vom verantwortungsvollen Handeln der Herrscherinnen ab, was ihre soziale und politische Macht legitimiert und ihrer über tausendjährigen Herrschaft eine mythische Qualität verleiht. Ihre herausgehobene Stellung wird zudem in ihrer körperlichen Gestalt deutlich, die alle Prinzessinnen Equestrias auszeichnet: Als sogenannte Alicorns, Einhörner mit Pegasusflügeln, vereinen sie die Merkmale aller drei Gattungen ihrer UntertanInnen.

Dem märchentradierten Bild einer passiven Prinzessin,[11] deren einzige Pflicht in einer politisch sinnvollen Hochzeit liegt, entspricht dies freilich nicht. Statt brav im Schloss zu dämmern und auf Rettung zu warten, während andere, männliche Akteure die Geschicke des Landes regeln, sind sie standhafte Herrscherinnen, deren Macht durch ihre Magie und ihre empathisch geprägte Weisheit legitimiert wird. Durch diese Tugenden sind die Prinzessinnen Vorbilder für ihre UntertanInnen, die diesem vorgelebten Ideal bereitwillig nachstreben. Gerade bei der Landesverteidigung – die auch in der pittoresken

9 Zur Märchenprinzessin vgl. Rainer Wehse: Prinz, Prinzessin. In: *Enzyklopädie des Märchens. Handwörterbuch zur historischen und vergleichenden Erzählforschung,* hrsg. v. R. W. Brednich et al., Bd. 10. Berlin / New York: de Gruyter 2002, Sp. 1311–1319, hier Sp. 1312.

10 *MLP*, S01/E01.

11 Wehse: Prinz, Prinzessin, Sp. 1313. Diese Aussagen beziehen sich auf die bekannten Märchen aus Europa; wie Wehse (ebd.) bemerkt, sind etwa in *1001 Nacht* Prinzessinnen deutlich aktiver.

Pony-Welt nötig ist – nehmen sie eine mächtige Rolle ein. Die männliche Leibgarde scheint dabei mehr Zierde zu sein. Drohen nämlich ernste Gefahren, müssen Twilight und ihre Freundinnen selbst – angeleitet durch die Prinzessinnen – ins Gefecht ziehen. Dabei geht es nicht etwa um die Rettung Einzelner, stattdessen steht jeweils das Wohlergehen des gesamten Landes auf dem Spiel.
Mit Celestia und Luna wird zwar das dynastische Prinzessinnen-Bild aufgegriffen, dies geschieht jedoch nicht unhinterfragt. Im Gegenteil wird diese Schablone aktualisierend rekonstruiert und dadurch für eine emanzipatorische Gegenwart aufbereitet. Die Prinzessinnen bewahren den eleganten Esprit des höfischen Lebens, sind aber unabhängige, mächtige, weise und soziale Herrscherinnen.
In der Eröffnungs-Doppelfolge bietet die jüngere Luna eine zusätzliche Variation des Prinzessinnenbildes: Als ‚Prinzessin der Nacht' ist sie die Antagonistin und muss erst zum Guten ‚reformiert' werden. Sie ist hier geprägt durch eine „Ästhetik des Bösen", die im Märchen der „hypertrophen" Variation des Brautwerbungsmotivs vorbehalten ist.[12] Lunas Übertritt zum Bösen wird indes psychologisiert – ein narratives Element, was in Stoffen wie Lillifee oder der Barbie-Welt undenkbar ist. Diese komplexe Charakterzeichnung macht es möglich, dass Luna ‚reformiert' werden kann, was anderen royalen UrsupatorInnen, die als KönigIn ein negatives Bild von Royalität verkörpern, nicht vergönnt ist.[13]

Die Prinzessin der Liebe

Auch die dritte Prinzessin, Cadence, ist ein magisches Wesen; ihre Zauberkraft ist die Magie der Liebe. Wie Celestia genießt sie Twilights uneingeschränkte Bewunderung: „Cadence is only the most amazing pony ever! She's beautiful, she's caring, she's kind […]. How many unicorns can just spread love wherever they go? I only know

12 Ebd., Sp. 1314.

13 Eine böse Königin ist Chrysalis, die mit ihrer ‚Changeling'-Armee Equestria erobern möchte (*MLP* spielt hier mit dem *Invasion of the Bodysnatchers*-Stoff, S02/E25). Mit König Sombra (S03/E02) wird auch ein royaler männlicher Bösewicht präsentiert. Beide werden als kompromisslose EroberInnen inszeniert, die von Grössenwahn und Machtstreben motiviert sind – was zeigt, dass königliche Macht nicht a priori mit Edelmut verbunden ist, sondern missbraucht und korrumpiert werden kann. Diese beiden Antagonisten müssen von den Freundinnen vertrieben werden, Überzeugungsversuche scheitern.

Abb. 1: Cadence, Luna, Celestia und Twilight.

one!"[14] Cadence entspricht somit auf den ersten Blick dem traditionellen Prinzessinnen-Tugendkatalog. Trotzdem ist sie frei von affektierten Standesdünkeln und pflegt einen freundschaftlich-spaßigen Umgang.

Durch ihre Heirat mit Twilights Bruder Shining Armor erfüllt Cadence als Einzige diese stereotype Etappe der ‚klassischen' Prinzessinnenbiografie, wie sie aus Märchen und Disney-Filmen zur Genüge bekannt ist.[15] Im Unterschied dazu endet ihre Geschichte aber nicht mit diesem festlichen Ereignis. Auch geht es bei dieser Hochzeit nicht um die Fortsetzung einer Dynastie oder eine Validierung der Prinzessin. Ihr Gatte ist als Hauptmann der royalen Wache ein ‚bürgerliches' Einhorn. Cadence erfährt also keine Statusänderung durch ihre Heirat. Zudem muss Shining Armor – seinem Namen zum Trotz – nicht als männliche Stütze stets an ihrer Seite sein. Indem es sich klar um eine reine Liebesheirat handelt, wird vermittelt, dass der einzige Grund für eine Eheschliessung die ‚wahre' Liebe sein soll. Am Fest selbst wirken dann alle Pony-Freundinnen – auch die nicht-wohlbekannten und nicht-royalen – in individueller Weise mit.[16] Cadence

14 *MLP*, S02/E25.

15 Das Element der Rettung wird bei der Hochzeit aufgegriffen, doch ist es Twilight, die Prinzessin und Bräutigam vor der bösen Königin Chrysalis rettet. Bei der Hochzeit tritt Twilight als *best mare* (für *best man*) ihres Bruders auf – wiederum fällt das Aufbrechen von weiblichen und männlichen Attribuierungen auf.

16 Für die Franchise nahm diese Hochzeit eine besondere Rolle ein, da Hasbro ein spezielles Spielzeug-Set mit Hochzeitspaar und Schloss-Puppenhaus herstellte, das gleich zwei mädchentypische Wunschbilder bediente (Hochzeit und Prinzessin).

ist dabei bestrebt, allfällige Standesunterschiede sofort vergessen zu machen – was den royalen Feinden niemals einfallen würde.
Bei Cadence wird folglich ebenfalls das Bemühen der AutorInnen und ProduzentInnen erkennbar, die Figur der Prinzessin für die RezipientInnen durch Umdeutungen zu aktualisieren und den ‚Ballast', der die prototypische Prinzessinnen-Figur veraltet wirken lässt, abzustreifen – und trotzdem dem Motiv der Liebe bzw. der Liebesheirat Platz einzuräumen. Schließlich steht die Liebe im Zentrum einer weitverbreiteten Form von Prinzessinnenerzählungen, die oft Romanzen sind.[17] So wird durch diese dritte Prinzessin verdeutlicht, dass auch in einer vermeintlich emanzipierten Gegenwart die Liebesheirat als (Zwischen-) Ziel eines erfüllten Lebens gelten darf – aber nicht muss. Hier hebt sich *MLP* klar von traditionellen Prinzessinnen-Narrativen ab.
Trotz des neu gewonnenen Aktivitätspotenzials[18] dieser drei Prinzessinnen ist ihnen eine gewisse ‚weibliche' Eleganz eigen. Ihre Körper sind größer, graziler, feingliedriger und eleganter und ihre Mähnen wallender als bei den anderen Ponys (vgl. Abb. 1). Durch Höflichkeit und Respekt erinnern sie an eine höfische Etikette. Mit gütigen Augen blicken sie auf ihre untergebenen Ponys und kümmern sich wohlwollend, fast mütterlich, um deren Belange, fordern die Ponys in ihrer Rolle als Mentorinnen aber auch. Liebe, Schönheit und Pracht bleiben als Charakteristika von Prinzessinnen erhalten, werden aber zur Nebensächlichkeit. So finden Sexualisierung und Konsum-Verherrlichung keinen Platz, obwohl die Serie von einem Spielzeughersteller produziert wird.

Die Self-made-Prinzessin

Im Finale der dritten Staffel erhält Equestria eine vierte Prinzessin: Von ihr völlig unbeabsichtigt, wird Twilight dank ihrer Studierfreudigkeit, ihrer Disziplin und ihrer sich stetig weiterentwickelnden Beziehung zu ihren Freundinnen durch ihre innere Magie in eine Alicorn-Prinzessin verwandelt. Somit müssen Prinzessinnen in Equestria nicht geboren sein, sondern können durch Fleiß und Hingabe, also

17 Vgl. Sarah Rothschild: *The Princess Story. Modeling the Feminine in Twentieth-Century American Fiction and Film.* New York: Lang 2013, S. 5–6.

18 Der Punkt der Aktivität ist mit Blick auf Simone de Beauvoir entscheidend bei der Analyse von Geschlechterverhältnissen. Laut de Beauvoir (und weiteren TheoretikerInnen) werden Eigenschaften nach ‚aktiv' und ‚passiv' eingeteilt, wobei ‚aktiv' mit Männlichkeit und ‚passiv' mit Weiblichkeit assoziiert wird (vgl. Andrea Maihofer: *Geschlecht als Existenzweise.* Frankfurt am Main: Helmer 1995, S. 11–108).

Abb. 2: Twilight als Actionheldin.

innere Werte, dazu *werden* bzw. sich diesen Status *erarbeiten*. Twilight repräsentiert somit eine *self-made princess*.[19]

Celestia begründet Twilights Wandlung so: „Since you've come to Ponyville, you've displayed the charity, compassion, devotion, integrity, optimism and of course, the leadership of a true princess."[20] Damit benennt Celestia auch einen Tugendkatalog, den die Freundinnen verkörpern: Sie stehen explizit für Ehrlichkeit, Freundlichkeit, Optimismus, Großzügigkeit und Loyalität. Sie repräsentieren mit Twilights Magie die sechs „Elemente der Harmonie", die zusammen die unbesiegbare „Magie der Freundschaft" bilden, für welche Twilight als Prinzessin steht. Ihre besondere Stärke liegt also in der Verbundenheit zu andern, die nicht nur empathische Verbundenheit, sondern, wie von Celestia genannt, auch *leadership* meint. Wieder ist eine Ablösung von klassischen Prinzessinnen-Tugendkatalogen zu konstatieren – Abhängigkeitsverhältnisse und Passivität werden durch aktive, solidarische Führungsqualitäten, Autonomie und Wissen ersetzt.

Als Zeichen der gemeinsamen Magie erhält Twilight ein Diadem als „Juwel der Freundschaft" – im Gegensatz zu den Halsketten ihrer Freundinnen –, das ihr später als Krone dient. Twilight bleibt trotz

19 Obwohl dies an Cinderella erinnert (mit Celestia in der Rolle der guten Fee), besteht ein fundamentaler Unterschied: Twilight ist vor ihrer Verwandlung in keiner Weise sozial benachteiligt oder ‚unterdrückt', vielmehr bewundern die anderen Ponys ihr magisches Talent und ihr Wissen von Anfang an.

20 *MLP*, S03/E13.

ihrer Verwandlung bescheiden, während ihre Umwelt stark auf den Statusanstieg reagiert, woran sich sie sich erst gewöhnen muss. Nur die Beziehung zu ihren Freundinnen und ihrem treuen Begleiter, dem Babydrachen Spike, bleibt unverändert und bildet den Anker der frischgebackenen Prinzessin. Vieles verändert sich in Twilights Leben, sie muss mit den neuen Flügeln, den an sie gestellten Ansprüchen und der neuen Prominenz zurechtkommen. Auch hier zeigt sich, dass in *MLP* keine Riege an flachen, statischen Charakteren gezeichnet wird, sondern charakterliche Tiefe inklusive Dissonanzen und steter Weiterentwicklung präsentiert werden.

Twilight unterscheidet sich jedoch von den anderen drei Prinzessinnen: Sie ist (noch) nicht so grazil-elegant wie ihre Vorbilder und auch ihr Umgangston ist etwas ungeschliffener. Obwohl sie trotzdem hübsch, intelligent und gütig ist, weist sie mehr als die andern drei auch traditionell eher männlich konnotierte Eigenschaften auf, obwohl bei dieser dualen Einteilung von Eigenschaften mit Vorsicht zu agieren ist. Wie ein klassischer Feldherr geht Twilight strategisch und durchdacht vor, ist aber auch umsorgend und organisatorisch bedacht wie die stereotype Sekretärin – es findet also ein Spiel mit klassischen Attributen statt. Dies zeigt sich besonders, wenn die Prinzessin in *MLP* selbst quasi in die heldenhafte Prinzenrolle schlüpft.[21] Vor allem in Kämpfen zeigt sie sich dynamisch und unerschrocken, fliegt ihren Gegnern geradezu um die Ohren und erinnert stark an Action- bzw. Superhelden (vgl. Abb. 2).[22] Bemerkenswert scheint hier, dass dieses heldenhafte Aktivitätspotenzial der weiblichen Figur eingeschrieben werden kann, ohne sie deshalb à la Lara Croft sexualisieren zu müssen.

21 Während es im Märchen normalerweise dem Prinzen (bzw. einer männlichen Figur) als Protagonisten zukommt, furchtlos, willensstark und tapfer seiner Bestimmung zu folgen und über die ihm gestellten Herausforderungen zu triumphieren (vgl. Wehse: Prinz, Prinzessin, Sp. 1311), erfüllen diese Funktionen in *MLP* vor allem weibliche Charaktere, die ja auch die Mehrzahl der Bewohnerinnen ausmachen.

22 Z. B. erinnern die Actionelemente im Showdown zwischen Twilight und Tyrek (S04/E26) an den ‚Endkampf' in der Zeichentrickserie *Avatar – The Last Airbender* zwischen Aang und Feuerlord Ozai (S03/E21, USA 2005–2008).

Prinzessinnen-Lektionen der Freundschaft

Richtungsweisend für Twilights Entwicklung zur Prinzessin ist nicht nur das erlernte Wissen aus Büchern, sondern die Erfahrungen, die sie mit ihren Freundinnen macht. So gibt es in fast jeder Folge eine wichtige Erkenntnis, die erlangt und mit den RezipientInnen geteilt wird. *MLP* zeigt folglich in gewisser Weise eine Bildungsgeschichte[23] auf. Die Inhalte und Strukturen der einzelnen Freundschaftslektionen erinnern deutlich an das Konzept der *princess lessons*, wie es Sarah Rothschild beschreibt.[24] Rothschild begreift die Prinzessinnen-Figuren als Ballungspunkt anzustrebender femininer Eigenschaften:

> As the embodiment of extreme femininity, the princess character both reflects and inculcates socially desirable behavior and beliefs in and about girls and women in the culture that produces her. A princess story defines the princess in a way that is meaningful both to its audience and to its author, and it teaches its audience how to become a princess through modeling, through commentary, and often through actual princess lessons.[25]

Diese Tendenz ist abgewandelt auch in *MLP* zu erkennen: Die *friendship lessons* erweisen sich retrospektiv als *princess lessons*, unterscheiden sich als solche jedoch klar von der ‚Moral', wie sie bekannte Märchen und deren Disney-Adaptionen vertreten. Stellenweise werden ‚klassische' Prinzessinnennarrative sogar explizit parodiert, um ihre Unhaltbarkeit darzustellen. Gerade ikonische Momente aus Charles Perraults *Cendrillon* (1697)[26] bzw. Walt Disneys Verfilmung *Cinderella* (1950)[27] werden aufgegriffen und demontiert.[28]

23 Wir verwenden diese Bezeichnung in Anlehnung an den (oft mit dem Entwicklungsroman gleichgesetzten) Begriff des Bildungs*romans*, der die Entwicklung der Hauptfigur, oft im Hinblick auf ein klares Bildungsziel, schildert (vgl. Jutta Heinz: Bildungsroman. In: *Metzler Lexikon Literatur*, hrsg. v. Dieter Burdorf / Christoph Fasbender / Burkhard Moennighoff. 3., völlig neu bearb. Aufl. Stuttgart / Weimar: Metzler 2007, S. 88–89).

24 Rothschild: *Princess Story*, S. 3.

25 Ebd., S. 1–2.

26 Charles Perrault: Aschenputtel oder Der kleine gläserne Schuh. In: Ders.: *Sämtliche Märchen*, aus d. Frz. v. Doris Distelmaier-Haas. Stuttgart: Reclam 2006 [1986], S. 105–115 (frz. EA: *Contes de ma mère l'Oye*, 1697).

27 *Cinderella* (*Aschenputtel*, USA 1950, R: Clyde Geronimi / Wilfred Jackson / Hamilton Luske).

28 Exemplarisch dafür ist die Hofball-Episode (S01/E26), als Rarity hofft, sich in einen Prinzen zu verlieben. Prinz Blueblood erweist sich statt als Traumpartner aber als Albtraum, bis Rarity entnervt ausruft: „Sir, you're the most uncharming prince I've ever met. The only thing royal about you is that you are a royal pain!" Als sie ihren Glasschuh auf der Treppe verliert, zertritt sie diesen aus Panik, er könnte sie damit wiederfinden.

Abb. 3: Sechs beste Freundinnen.

Statt normierende Anleitungen zu bieten, wie man sich als (heranwachsende) Frau optimal der Männerwelt zu präsentieren hat, um durch die Erfüllung veralteter weiblicher Rollenmuster zum ‚perfekten' Mädchen zu werden, geht es im Pony-Kontext um die Vermittlung sozialer Kompetenzen, welche ein empathisches, vertrauensvolles Zusammenleben ermöglichen sollen. Diese Kritik an Perfektionsansprüchen, die Medientexte auf Mädchen ausüben können, werden von *MLP-Creator* Lauren Faust explizit thematisiert und kritisiert, wenn sie feststellt: „They [girls] shouldn't have to succumb to pressure to be perfect."[29] Dass Perfektion in *MLP* nicht zentral und vor allem nicht ein Ideal ist, zeigt sich deutlich darin, dass alle Charaktere mit verschiedenen ‚Macken' ausgestattet sind.[30] Ihre unliebsamen Eigenheiten müssen die Ponys nicht ‚loswerden', sondern sie lernen, sich gegenseitig zu akzeptieren und mit Individualität und Differenzen umzugehen. Die soziale Charakterarbeit wird angefeuert durch die idealisierte Freundschaft, die als Motivation dient.[31] Die klassischen *princess lessons* werden also zu *friendship lessons* umgedeutet.

29 Faust: My Little NON-Homophobic.

30 Da jedes Pony über individuelle Schwächen und Stärken verfügt, entgeht *MLP* weitgehend der etwa von Rebecca C. Hains formulierten Kritik an typischen Girl-Power-Charakteren, dass zu viele Stärken in einer Figur zu unerreichbarer Perfektion gebündelt werden (Rebecca C. Hains: The Problematics of Reclaiming the Girlish: The *Powerpuff Girls* and Girl Power. In: *Femspec* 5,2 (2004), S. 1–34).

31 Dieses Akzeptieren von Differenzen und die Arbeit an Freundschaften ist nicht auf die Freundinnen-Gruppe limitiert, sondern zeigt sich auch im Umgang mit

Durch diese Umdeutung wird auch klar: Nicht jede muss Prinzessin sein wollen, denn ‚Freundin zu sein' – individuell und solidarisch – ist das neue Ideal. Dies wird verstärkt dadurch, dass aus dem Freundinnenkreis nur Twilight zur Prinzessin mutiert und diese Wandlung bei ihr mehr Unbehagen als Freude auslöst. Prinzessin-Sein wird somit in der Serie selbst diskutiert und der vermeintlich anzustrebende Statusanstieg hierdurch relativiert. Dies zeigt sich exemplarisch in einer Sequenz, in der die Ponys Twilights neues Glasfenster-Porträt verhandeln:

> Rarity: You look amazing, darling! They've really captured your regality.
> Twilight: I suppose …
> Rarity: Don't be so modest. It's everypony's dream to someday wear a crown and have their coronation ceremony preserved in stained glass for all to see! Hach!
> Rainbow: I don't now if it's *everypony's* dream …
> Pinkie: Most of my dreams are about frosting![32]

‚Die Prinzessin' wird so zu *einem* Entwicklungsziel neben vielen anderen. Ob Farmerin, Berufssportlerin, Party-Planerin oder Tierpflegerin: Alle Tätigkeiten stehen gleichberechtigt auf einer Ebene, denn – so wird vermittelt – für die vorindustrielle Gesellschaft sind alle mit ihren unterschiedlichen Stärken wertvoll (vgl. Abb. 3). Diese Berufe der Pony-Mädchen werden ebenfalls – wie die Prinzessinnen selbst – sorgfältig mit aktivem Potenzial aufgeladen, wo sie Gefahr laufen, veraltete Stereotypen weiblicher Rollenbilder darzustellen. Das von der Spielzeugindustrie für die intendierte Zielgruppe als wichtig erachtete Element der Mode (sog. *dress up*) etwa wird durch Rarity aufgegriffen, doch wird Wert darauf gelegt, dass sie kein *fashion victim*, keine reine Konsumentin ist, sondern als Designerin eine Künstlerin, die produziert. Diese Pony-Polyphonie demonstriert, dass der Serie kein eindimensionaler Bildungsauftrag mit einem anzustrebenden

einem weiteren ‚Bösewicht' der Serie: Discord. Bei ihm handelt es sich um ein Mischwesen in bester Trickster-Manier. Er steht für Chaos und Disharmonie und will die friedliche Pony-Idylle aufrütteln, allerdings nicht aus purer Bosheit, sondern zum Spaß. Dies ist wohl der Grund dafür, dass eine langsame Sozialisation des Tricksters durch die Ponys stattfinden kann und Discord schließlich zum Freund mit Ecken und Kanten wird. Dies verdeutlicht einerseits erneut, dass Individuen ‚Macken' aufweisen dürfen, und zeigt andererseits, dass die Trennung von Gut und Böse in *MLP* nicht eindimensional gestaltet wird. Die Discord-Handlung lässt sich auch als Hinweis auf die utopischen Züge der Serie lesen, die durchaus eine hegemoniale Position der präsentierten Werte beinhalten, wo ‚Störer' eines Ausmaßes wie Discord zumindest partiell eingegliedert werden sollen.

32 *MLP*, S04/E01.

Mädchen-Ideal zugrunde liegt, sondern dass verschiedene Entwürfe gleichwertig präsentiert werden und „gender shaming“ umgangen wird.[33] Dies deckt sich mit Lauren Fausts Intention bei der Kreation der Charaktere:

> There are lots of different ways to be a girl. You can be sweet and shy, or bold and physical. You can be silly and friendly, or reserved and studious. You can be strong and hard working, or artistic and beautiful. This show is wonderfully free of "token girl" syndrome, so there is no pressure to shove all the ideals of what we want our daughters to be into one package. There is a diversity of personalities, ambitions, talents, strengths and even flaws in our characters [...].[34]

Anders als etwa in Disney-Narrativen, wo *eine* makellose Prinzessin als anzustrebendes Ideal präsentiert wird,[35] bieten die Freundinnen ein breites Repertoire an Identifikationsflächen und sind vor allem nicht von einem männlichen *love interest* angeleitet, sind nicht sexualisiert und proklamieren keinen direkten Konsum. Abgesehen von Twilight stellen die Prinzessinnen nicht den Kern des Figureninventars dar, sondern sind Ergänzungen, vor allem im Hinblick auf narrative Möglichkeiten. Denn trotz der verschiedenen Lebensläufe und Ziele der ‚bürgerlichen‘ Ponys stehen sie den Prinzessinnen in punkto aktiven Handlungspotenzials in nichts nach, [36] sind nicht limitiert und stereotypisiert, sondern verweisen auf ein breites Spektrum des Mädchen-Seins und können nebenbei auch Jungen ansprechen.

Fazit

Märchen zeigen meist Prinzessinnen, die ein von Passivität geprägtes Dasein fristen. Ihre Existenz erreicht mit der Funktion des zu rettenden Opfers und anschließender Heirat ihre Berechtigung.[37] Die

33 *MLP* erfüllt so Zoe Chevats Forderung: „Yet every little girl (and boy) deserves to have a choice in who they identify with, without gender shaming or disparaging that which is seen as traditionally masculine or traditionally feminine.“ (Zoe Chevat: ‚Excuse Me, Princess‘ – The Princess Type, for Good or Ill, Part 1. http://www.themarysue.com/princesses-tropes/ (Zugriff am 15.10.2014.)

34 Faust: My Little NON-Homophobic.

35 Allerdings bemühen sich auch Disney-Prinzessinnenfilme zurzeit verstärkt um Aktualisierungen, vgl. die beiden Prinzessinnen aus *Frozen* (*Die Eiskönigin – völlig unverfroren,* USA 2013, R: Chris Buck / Jennifer Lee).

36 Insofern setzt *MLP* das Ideal des Girl-Power-Feminismus (dass Mädchen alles sein können, was sie wollen, und dass Stärke und Feminität sich nicht ausschließen) um – als Kindermedien-Paradebeispiel gilt oft die Zeichentrickserie *Powerpuff Girls* (USA, 1998–2005), bei der Faust ebenfalls Autorin war. Zu den problematischen Aspekten von Girl-Power-Medienprodukten, die feministischen Ansprüchen oft zuwiderlaufen, vgl. Hains: Problematics.

37 Vgl. Wehse: Prinz, Prinzessin.

stereotype Märchenprinzessin glänzt durch eine Anhäufung weiblich konnotierter Eigenschaften wie Passivität, Schönheit, Sanftheit und Naivität, was für Entwicklung und Individualisierung kaum Raum lässt.

Vor dieser Folie wird deutlich, dass die Prinzessinnen in *MLP* ein Spiegelbild gesellschaftlicher Veränderungen sind. Die *MLP*-Prinzessinnen wandeln das etablierte Prinzessinnenbild, wie es Märchen oder deren Disney-Verfilmungen liefern, um. Mit den drei geborenen Prinzessinnen werden die weiblichen Stereotype aufgegriffen, jedoch modernisiert. Sie sind aktiv und übernehmen selbst das Ruder in ihrem persönlichen, höfischen und politischen Leben. Rettung und Hochzeit zur Legitimation der eigenen Existenz haben die Pony-Prinzessinnen nicht nötig, müssen aber auch nicht unbedingt zugunsten ihrer Autonomie darauf verzichten. Twilight schließlich erreicht den Prinzessinnen-Status aus eigener Kraft, ohne dies beabsichtigt zu haben, aufgrund ihres Wissensdurstes, ihrer tiefen Freundschaften und ihrer Führungsfähigkeiten. Die Prinzessin wird hier zu einer neugierigen, nach Wissen strebenden, solidarischen Anführerin umgedeutet, die auch zur Action-Heldin taugt. Somit überwindet sie dynastische Konzepte und verdeutlicht, dass es auf innere Werte ankommt und nicht auf Abstammung oder Äußerlichkeiten. Gerade Reichtum und oberflächliche Schönheit, die als ‚Zugpferde' für Prinzessinnenprodukte prominent sind,[38] erhalten eine Absage. Denn weder die Pony-Prinzessinnen noch die Pony-Freundinnen frönen dem Konsum und huldigen nur bei besonderen Anlässen dem Körperkult. Hier zeigen sich klare Unterschiede zu vergleichbaren Franchises wie Barbie, Sailor Moon oder Monster High, in welchen sich das Alltags-Narrativ um Styling, Shopping und Jungs dreht.

All diese Umdeutungen finden in einer Zeichentrick-Welt statt, in der der Großteil der Population weiblichen Geschlechts ist. Einerseits gründet dies sicherlich in der Zielgruppe der Franchise, andererseits

38 Die Figur der Prinzessin hat eine hervorgehobene marktwirtschaftliche Bedeutung für Herstellerfirmen von Medien und Merchandising-Artikeln für Mädchen. Prinzessinnen verkaufen sich äußerst gut, Paradebeispiel für diese Mechanismen ist der Disney-Konzern mit seiner Riege an Prinzessinnen (vgl. Rothschild: Princess Story, S. 1–14; Karen E. Wohlwend: Damsels in Discourse: Girls Consuming and Producing Identity Texts Through Disney Princess Play. In: *Reading Research Quarterly* 44,1 (2009), S. 57–83). Da Prinzessinnen Verkaufszahlen fördern, erklärt sich leicht, warum auch in der von Hasbro produzierten *MLP*-Serie immerhin vier Stück eingeführt werden.

eröffnet dies die Möglichkeit, dass die weiblichen Protagonistinnen in einem ‚geschützten' Raum agieren können, in dem das weibliche Geschlecht zur Norm wird, ins Zentrum rückt und so nicht als Mangel oder als das Periphere verstanden werden muss.[39] Interessanterweise zeigt sich in der Analyse auch, dass die Mitglieder dieser ‚matriarchalen' Gesellschaft ihre Individualität gerade auch daraus beziehen, dass sie sich nicht auf die Reproduktion simpler Geschlechterstereotype reduzieren lassen. Indem die meisten Figuren sowohl traditionell eher männliche wie auch feminine Züge tragen, verwischen diese gedanklichen Grenzen und erlauben es, Attributionen um das soziale Geschlecht vom biologischen losgelöst wahrzunehmen. Durch dieses neutrale Zurücksetzen von Binaritäten wird wiederum das von der Serie vertretene Ideal von Egalität und Diversität begünstigt, was dazu führt, dass RezipientInnen verhältnismäßig unbelastete Identifikationsangebote geboten werden.

In ihrer zweidimensionalen, präindustriellen Welt entwerfen die Pony-Freundinnen für ihre RezipientInnen ein utopisch angehauchtes Bild des Zusammenlebens: Durch die stete und prominente Betonung von Individualität und Freundschaft können die Ponys als BotschafterInnen für Diversität gelesen werden, die sich in der hybriden, multikulturellen Gegenwart von Konsum und Oberflächlichkeit abwenden und an Menschlichkeit und Inklusion appellieren. Nicht zuletzt wird dadurch auch die Prinzessin entstaubt und zu einer sozialverträglichen Anführerin umgemodelt. Die Vielfarbigkeit und Charaktervielfalt der Ponys bündelt sich im Regenbogen[40], und so appellieren die Protagonistinnen im Finale von Staffel 4 an kleine und große ZuschauerInnen:

> Each one of us has something special that makes us different, that makes us rare. We have a light that shines within us, that we're always meant to share. And when we come together, combine the light that shines within, there is nothing we can't do, there is no battle we can't win. [...] Let the rainbow remind you,

39 Simone de Beauvoir beschreibt die Zentrierung der Gesellschaft aufs männliche Geschlecht, das zum Ideal wird, an dem sich das weibliche, ‚mangelhafte' Geschlecht zu messen hat. Sie stellt fest, dass Emanzipation nur stattfinden kann, wenn sich Frauen von ihrer Position in der Peripherie lösen können. Vgl. Simone de Beauvoir: *Das andere Geschlecht. Sitte und Sexus der Frau.* Reinbek: Rowohlt 1995 [1949], S. 9–62.

40 Bekanntlich ist die Regenbogenflagge ein Symbol für Diversität, vor allem in Bezug zur *Gay Pride*- bzw. der *LGBT*-Bewegung.

> that forever this will be our time. Let the rainbow remind you, that together we'll always shine.[41]

Die moderne Pony-Prinzessin erfüllt hier die Funktion als *leader*, die bei all dieser individuellen Farbenpracht den Überblick behält und bei Zwistigkeit oder Bedrohung ihre verantwortungsbeladene Rolle wahrnimmt. Die Prinzessin bleibt somit als Rollenideal eine *prima inter pares*. Dieses Ideal gilt jedoch für Mädchen wie auch für Jungen und legitimiert sich durch den Aspekt der solidarischen und empathischen Führungsqualitäten.

41 *MLP*, S04/E26. Eine Assoziation mit der „Yes we can"-Rhetorik aus Barack Obamas erstem Wahlkampf drängt sich auf.

Prinzessin Fantoche

Arnold Höllriegels Erzählung einer Selbstermächtigung zwischen Detektivgenre und Kinoreform

Jan Henschen

Als Arnold Höllriegel im Jahr 1913 eine fiktive Prinzessin namens Fantoche sowie ihre ‚Films'[1], so der damalige Plural, erfand, stellte er nicht nur das neuartige Medium der Kinematographie, dessen faszinierende technische Machbarkeiten und auch dessen politisch-soziale Möglichkeiten in den Mittelpunkt des zum damaligen Zeitpunkt sehr populären Genres der Detektivgeschichte, sondern erschuf eine ebenso selbstbewusste wie clevere junge Frau als Protagonistin. Die Zusammenhänge zwischen Kino und dem „Wesen des weiblichen Geschlechts"[2] schienen dafür bereits offensichtlich zu sein – insbesondere vor der Leinwand. Denn zeitgenössischen Aussagen zufolge machte die Kinematographie den Frauen den Zugang bewegten Bildern besonders leicht. So konstatierte Emilie Altenloh in ihrer *Soziologie des Kinos* über den weiblichen Kinobesuch:

> In die kleinen Städte bringt der Kino den Abglanz der großen Welt und zeigt den Frauen, wie man sich in Paris anzieht, was für Hüte man trägt. Mit Sensationen und Sensatiönchen hilft so der Kino über die vielen öden Stunden des Tages hinweg, die mit fortschreitender Vereinfachung der häuslichen Verrichtungen immer zahlreicher werden. Dem weiblichen Geschlecht, dem doch im allgemeinen nachgesagt wird, daß es rein und gefühlsmäßig einen Eindruck immer in seiner Gesamtheit aufnimmt, muß ja die kinematographische Darstellung besonders leicht zugänglich sein. Dagegen scheint es für intellektuell sehr ausgebildete Menschen direkt schwierig, sich in die im einzelnen oft zusammenhangslos aneinandergereihten Handlungen hineinzuversetzen. Verschiedentlich sagten Personen, die gewohnt sind, alles rein verstandesmäßig zu erfassen, daß es ihnen außerordentlich schwer falle, den Zusammenhang einer Filmhandlung zu begreifen.[3]

1 Arnold Höllriegel: *Die Films der Prinzessin Fantoche*, hrsg. u. mit einem Nachw. v. Michael Grisko. Berlin: Aviva 2003.

2 Emilie Altenloh: *Zur Soziologie des Kino. Die Kino-Unternehmung und die sozialen Schichten des Kino.* Jena: Diderichs 1914, S. 91.

3 Ebd.

Der charakteristische Wesenszug der bewegten Bilder trifft im derart formulierten „Wesen der Frau" auf eine besonders affirmative Rezeption, so diese soziologische Studie als Ausweis des zeitgenössischen Diskurses. Daher erscheint es der Autorin Altenloh in Bezug auf die besuchten Kinostücke nur folgerichtig, dass ein neuartiges Filmgenre wie Detektiv- und Räubergeschichte der männlichen Jugend vorbehalten ist und junge Mädchen sich anderen ‚Stoffen' zuwenden:

> Schon bei den 14iährigen gilt das Hauptinteresse den Liebesgeschichten, und zwar vornehmlich solchen Stücken, die mit ihren Stoffen dem Leben dieser Mädchen nahestehen oder die ihnen den Abglanz der großen Welt widerspiegeln. Meist handelt es sich um das Schicksal einer Frau aus dem Volke, die nach vielen Irrungen mit dem moralischen Untergang oder ‚in einem stillen Glück' endet. [...] Im allgemeinen geht ihr Geschmack weder auf allzu hohe und ernste Gebiete, noch verirrt er sich in die Niederungen ausgesprochener Abgeschmacktheit. Es finden sich unter ihnen weder solche, die für Bach, für Beethoven, für religiöse Fragen und soziale Probleme, soweit sie nicht durch Kinodramen konkretisiert sind, Interesse zeigen, noch beschränken sie ihre Ansprüche jemals auf Akrobaten, Märsche und Detektivdramen.[4]

Nun waren es insbesondere diese letztgenannten Detektiverzählungen, sowohl im Kino als auch in den ebenso populären sogenannten Groschenheften, die für eifrige Sozialreformer verschiedener Couleur unter Generalverdacht standen. In der Debatte ereiferte sich 1912 unter dem einschlägigen Titel „Gegen die Frauenverblödung im Kino" ein keineswegs reaktionärer, sondern sich dezidiert sozialdemokratisch-klassenkämpferisch gerierender Autor mit dem Pseudonym *Roland*:

> Was sollen die Zuschauer mit all den Ehebruchsszenen widerlichster Art, mit allen den nervenaufpeitschenden Detektivdramen, mit den Greuelbildern, mit der Albernheit, die sich für Humor ausgibt? Gegen die Schundliteratur der Kolportageromane und Nick-Carter-Hefte wenden wir uns mit aller Energie; weit eindringlicher und gefährlicher wirkt aber dieser Kinoschund, bei dem man sich das Häßliche nicht nur in der Vorstellung ausmalen muß, sondern wo man alles lebendig und wirklich vor den Augen sich abspielen sieht.[5]

Der damals 30-jährige österreichische Journalist Richard A. Bermann alias Arnold Höllriegel suchte und fand für ‚den Kino' und dessen ‚Films' eine literarische Form, die das Sujet in genau jenen vermeintlich „nervenaufpeitschenden Detektivdramen" in bewegten Bildern

4 Altenloh: *Zur Soziologie des Kino*, S. 89–90.

5 Roland: Gegen die Frauenverblödung im Kino. In: Jörg Schweinitz (Hrsg.): *Prolog vor dem Film. Nachdenken über ein neues Medium 1909–1914*. Leipzig: Reclam 1992, S. 127–130, hier 128–129.

situierte und zugleich im erzählerischen Stil die „Schundliteratur der Kolportageromane und Nick-Carter-Hefte" adaptierte.[6] Der besondere Kunstgriff bestand darin, dass *Die Films der Prinzessin Fantoche* erstmals die Idee und zugleich auch die technische Machbarkeit eines quasi-instantanen Aufnehmens und Zeigens von Polizei und von polizeilichen Handlungen für eine breite interessierte Öffentlichkeit entwerfen, die von Seiten des Verbrechens, jener vermeintlichen Verbrecherin und Filmprotagonistin namens „Prinzessin Fantoche", strategisch eingesetzt und als Teil von detektivischen Ereignisketten angelegt wird. Mit dem gegenwärtigen Wissen und in heutiger Diktion wurde mit *Die Films der Prinzessin Fantoche* das crossmediale Format einer Crime-Reality-Soap modelliert – bereits im Jahr 1913.

Im Folgenden soll die titelgebende Figur näher in Augenschein genommen werden. „Prinzessin" ist ihr Titel in eigener Vergabe, als Name einer Leinwandfigur erscheint „Prinzessin" als eine Selbstermächtigung und Selbstinszenierung in einer Serie von Abenteuerfilmen – die wahre, d. h. biografisch-reale Identität einer verarmten französischen Adeligen enthüllt sich erst gegen Ende. Mit Aufnahmen durch eine versteckte Kamera narrt diese Figur als vermeintlich geniale Einbrecherin mit Hang zu slapstickartiger Komik sowohl Filmproduktion, Kinopublikum und Presse als auch Polizei und Politik. Aus dem Werbegag eines Filmproduzenten entwickelt, schafft es diese Prinzessin, als fiktive Figur von der Leinwand in die (gesellschaftliche) Realität massiv einzuwirken. Als Rollencharakter, gleichermaßen Abenteurerin und Gaunerin, ist und bleibt sie unverhohlen Genrefigur, die jedoch spielerisch und zugleich wirkmächtig mit ihrer medialen Repräsentation agiert, so dass sie die Institutionen bis zur Staatskrise zu erschüttern vermag.

Bei der Betrachtung gilt es zu fragen, wie und warum gerade eine Prinzessinnen-Figur bei Höllriegel mittels der Wege und Formen ihres öffentlichen Kino-Bildes über sich selbst bestimmt und sich behauptet. So vollzieht diese spezifische Prinzessinnenfigur weibliche Emanzipation als medialen Akt von Ermächtigung des Selbst(-Bildes) in Zeiten von erhöhter Wirkmacht der Kinematographie. Genau jene

6 Das Genre des Detektivfilms und die Kriminalliteratur der sogenannten Groschenhefte haben dabei einen engen und wechselwirkenden Zusammenhang, den Hesse ausführlich nachweist und der ihn rückblickend von einem „Medienverbund" sprechen lässt, vgl. Sebastian Hesse: *Kamera-Auge und Spürnase. Der Detektiv im frühen deutschen Kino*. Frankfurt am Main: Stroemfeld 2003, S. 27–39.

weiblichen Rollen, wie sie der (männlich dominierte) reformerische Diskurs über die Frau auf der Leinwand und im Kinosaal der Jahre 1912/13 vorzuschreiben sucht, können gerade in spezifischen Bild-Praktiken unterwandert werden.

Die Prinzessin Fantoche als Genrefigur

Was Höllriegel – im Rahmen einer Kaffehaus-Wette mit Rudolf Schwarzkopf, dem späteren Ufa-Dramaturgen, im Einsatz um eine Kiste Zigarren in angeblich fünf Tagen und Nächten niedergeschrieben, so die anekdotische Schreibszene des Romans[7] – entwarf, kann auch als Intervention in den eingangs kurz umrissenen Kinoreform-Diskurs erkannt werden. Diese Intervention war allein quantitativ bemessen durchaus erfolgreich, denn Höllriegels erster längerer Erzähltext wurde in mehreren Folgen in der Zeitschrift *Der rasende Roland* veröffentlicht, beworben mit dem Slogan, dass das „Jahrhundert der Technik [...] seinen Dichter gefunden“[8] habe. Nicht allein das Filmmilieu war Sujet, sondern die Ästhetik, Erzählweise und auch Technik des jüngsten, populärsten und faszinierendsten Massenmediums wurden literarisch verarbeitet und in ihren gesellschaftlichen Wirkungspotentialen ausgelotet. Damit war zugleich der Filmroman für den deutschen Sprachraum geboren.
Die in acht sogenannte „Abenteuer“ untergliederte Erzählung beginnt mit einem Überfall. Der Genueser Bankier Silvio Ippoliti hat mit seinem Bekannten Daniele Costa, dem Geschäftsführer der OCI, der fiktiven Officina Cinematografica Italiana, einer großen Genueser Filmfabrik, einen kleinen Deal vereinbart. Er will ein Filmchen produzieren lassen, das zeigt, wie er von einer vermummten jungen Dame in seiner Villa überfallen, gefesselt und ausgeraubt wird. Das möchte er dann auf seinem nahen fünfzigsten Geburtstag zunächst als authentisch deklarierte Aufnahme zeigen, um es nach der erhofften Schockwirkung als Geburtstagsscherz und vor allem Auftakt-Werbeveranstaltung für eine von ihm finanzierte Kriminalkinoserie zu präsentieren. Diese ominöse Dame wird dabei als verbrecherische Protagonistin im Zentrum des Filmgeschehens und auch der Werbeaktivitäten stehen.

7 Michael Grisko: Simulationen, Sensationen, Serialitäten. In: Höllriegel: *Fantoche*, S. 138–156, hier S. 138.

8 Ebd., S. 139.

In diesem Auftrag besucht ihn die von der OCI engagierte Schauspielerin Marie Dupont. Der Projektname „Prinzessin Fantoche" (zu Deutsch: Prinzessin Marionette) wird auserkoren und die Aufnahmen beginnen der Absprache gemäß mit dem versteckten Operateur Carlo, einem Kameramann der OCI, mittels einer neuerfundenen Kleinstkamera. Marie Dupont agiert zunächst sehr zur Zufriedenheit des Kinofinanziers. Um bei den Außendreharbeiten an der Bankiersvilla nicht in Konflikt mit der örtlichen Polizei zu kommen und damit den Einbruch der Polizei-Realität in die Dreharbeiten zu verhindern, ruft Ippoliti sogar den befreundeten Polizeikommissär Depretis an. Die Arbeit mit der Prinzessin Fantoche verläuft dann aber alles andere als geplant und gar nicht mehr scherzhaft, denn der Bankier Ippoliti bleibt gefesselt. Die schauspielernde Verbrecherin erklärt ihm, dass der inszenierte Überfall selbst nur eine Inszenierung gewesen sei. Sie und das Filmteam seien vollkommen reale Räuber. Der Safe mit dem Bargeld der Filmfinanzierung wird leer geräumt und die kleine Bande verlässt die Villa mit den Worten Fantoches: „‚Ich vergesse nicht Ihre Geburtstagsüberraschung', sagte sie. ‚Der Film wird pünktlich geliefert. O, wir sind sehr gewissenhaft!'"[9]

Das ist der Einstieg in die Erzählung und in die Handlung, in das erste Abenteuer. Die Prinzessin als Figur wird zunächst vorgestellt als für die kapitalistische Verwertungslogik des Filmgeschäfts bedingte Genrefigur, die an bekannte Filmvorbilder und Genretypen anschließt und sich doch abzugrenzen sucht. Die Stereotypen von Märchenfigur und royaler Position sollen von Seiten der männlichen Schöpfer gezielt eingesetzt werden als Projektionsfiguren für ein Genrepublikum, das in den Filmen selbst mit den Praktiken der abenteuerlichen Einbrecherin in Kontrast gestellt werden soll. Doch die Prinzessin ermächtigt sich selbst einer eigenen Zwischenposition sowohl zu den kulturellen Überlieferungen und Fantasien als auch zu denen des männlichen Macht- und Leitungspersonals.

Dieses Eröffnungskapitel ist in einer gesonderten Erzählsituation dargelegt: „Die Erzählung, mit der unser Buch begann, ist nämlich wörtlich dem Morgenblatt des ‚Caffaro' vom 2. April jenes Jahres entnommen."[10] Was und wie etwas passiert ist, bleibt der Zeitung überlassen, durch sie wird der Fall öffentlich. Zugleich wird durch

9 Höllriegel: *Fantoche*, S. 21.

10 Ebd., S. 23.

den Artikel die Prinzessin Fantoche populär und fordert die Polizei heraus. Und diese Zeitung fungiert als Vermittlungsinstanz an höhere Stellen, ganz konkret an den Polizei-Commendatore Testaccia. Dieser ist erzürnt über den Imageschaden der Polizei, als Kriminalist aber doch heimlich erfreut über den Fall. Er will und muss beweisen (und öffentlich ausstellen), dass die Polizei hellsichtiger und funktionstüchtiger ist als die gerissene Gaunerklamotte. Commendatore Testaccia wird zum Gegenspieler und zur Gegenfigur der Prinzessin Fantoche. Doch wird sich dieser Jäger als permanent Gejagter herausstellen, der weder die Regeln noch den Ablauf bestimmen kann. Als der besagte Artikel die Polizei in gespannte Aufregung versetzt, wird Testacchia zur Kino-Zensurstelle gerufen, einer deutlich unliebsamen Aufgabe der Polizei. Was er dort vorgeführt bekommt, trägt den Titel „Der erste Film der Prinzessin Fantoche: Die Geburtstagsüberraschung des Bankiers Ippoliti". Der Film zeigt die Ankunft Fantoches vor der Bankiersvilla, den Überfall im Arbeitszimmer und anschließend die Flucht im Automobil mit der speziellen Volte, dass das Fahrzeug vor einer Polizeiwache hält und unter großem Amüsement einer kleinen, halbherzigen Polizeikontrolle unterzogen wird.

Dieser Film setzt auf die direkte Konfrontation mit der Polizei. Er zeigt nicht allein ein negatives Bild der Exekutive, sondern ein Bild der Lächerlichkeit und der Komik, einer Form von Konfrontation, auf welche die auf Sicherheit, Ordnung und Ruhe angelegte Gouvernementalitätstechnik[11] nicht reagieren kann. Denn die gefilmten Polizisten haben natürlich nur aufgrund des Telefonats zwischen dem Bankier und dem Kommisär so freundlich als Laiendarsteller reagiert. Die Prinzessin fungiert auf der Leinwand als Figur der Aufklärung durch respektlosen Witz.

Konkret stellt sich für die zuständige polizeiliche Aufsichtsbehörde nach Sichtung die Frage, ob sie als Zensur verbieten oder freigeben soll – die Macht über die öffentliche Freigabe dieser bewegten Bilder liegt bei der Polizei selbst. Prinzessin Fantoche gibt mit einem Begleitschreiben kund, auf die Freigabe des Films zu hoffen, in Zukunft jeden Mittwoch einen derartigen in die Kinos bringen zu wollen und ansonsten alle Vervielfältigungs- und Verkaufsrechte der OCI einzuräumen, von der sie sich das Geld „nur geliehen" habe und

11 Vgl. Michel Foucault: Die politische Technologie der Individuen. In: Ders.: *Kritik des Regierens. Schriften zur Politik*. Berlin: Suhrkamp 2010, S. 46–62.

das zurückgezahlt werden solle bei Erfolg der Filmreihe. An diesem Punkt wird aus der Leinwandfigur ein Name für eine abenteuerliche Akteurin mit ganz realen Macht- und Wirkverhältnissen, sowohl für das Kino als auch für den tatsächlichen Kriminalfall.

Als höchste Provokationsstufe soll der Film auf legalem Weg in die Öffentlichkeit gelangen und so zugleich seine finanzielle Schuld des Gelddiebstahls nicht nur suspendieren, sondern mit Gewinn zurückzahlen. Die Polizei wird somit durch den geschickten Zug der Prinzessin nicht nur zu Humorpersonal des Films, sondern auch zu einem Akteur sowohl in der rechtlichen Situation seines Zustandekommens als auch einer ökonomischen Einbettung als Kinoproduktion. Diese Herausforderung wird von der Polizei als Hybris deklariert und damit als Schwachstelle der Funktionslogik einer derartigen Kinoreihe ausgemacht. Denn um den Grad der kinematographischen Attraktion fortlaufend zu steigern, müssten die Ereignisse um Prinzessin Fantoche immer gewagter und spektakulärer inszeniert werden. Diese Mischung aus Übermut und Sensationslogik würde die Polizei am Ende erfolgreich in der Verbrecherjagd sein lassen. Diese Vermutung, die dem Wissen der Serienlogik des Detektivfilms gehorcht, bestimmt die Strategie und das Auftreten der Polizei. Spätestens mit dieser Entscheidung suspendiert das bewegte Filmbild der Prinzessin Fantoche eine Trennung von Fakt und Fiktion.

Zugleich werden durch die Kinobilder Phantasmagorien des Polizierens freigesetzt, so bei Eugenio Testacchia, dem ungeliebten Sohn des Polizeipräfekten, der anstelle seines vom Vater angeordneten erfolglosen Jurastudiums viel lieber der Schauspielerei nachgehen würde. Zusammen mit seiner (ebenfalls vom Präfekten ungeliebten) heimlichen Verlobten Madeleine Destour will er Prinzessin Fantoche stellen, um einerseits seinen Vater doch noch von seinen kriminologischen Talenten zu überzeugen, und andererseits, um durch die hunderttausend Lire Belohnung unabhängig seinem Traum nachgehen zu können. Hier beginnt sich eine Liebegeschichte in den Plot einzuflechten. Das Paar beschließt, in das größte Genueser Kino zu gehen, als Privatpersonen auf Täterinnenjagd.

Erneut wird im neuesten Fantoche-Film mittels versteckter mobiler Kamera die Polizei vorgeführt, diesmal in wechselnder Verkleidung Fantoches. Die Publikumsreaktion ändert sich bei diesem Film vom Lächeln und der Spannung zu einem Erstaunen über die Dreistigkeit und die technische Realisation: „Das Publikum lachte nicht mehr, es murmelte, es schwatzte. Das grenzte an Hexerei. Wenn die Prinzessin Fantoche schon unbemerkt geblieben war, den Mann mit dem Aufnahmegerät hätte man doch sehen müssen."[12] Die Faszination der Aufnahmetechnik dominiert die Wahrnehmung. Der Film ruft ein Kino der Attraktionen[13] wieder auf, es geht um die Verblüffung durch die Bilder selbst und ihr Zustandekommen. Wie sehr die Filmemacher den Fortgang des Geschehens bestimmen, demonstriert die Ankündigung am Ende des Films: „Nächste Woche: Die Verhaftung der Prinzessin Fantoche"[14]. Die Polizei bleibt ein Jäger ohne richtige Spur. Prinzessin Fantoche ist immer einen Schritt voraus und die Polizei hinkt hinterher durch gezielte Täuschung. Dabei sind die Films der Prinzessin Fantoche weder Kinostücke, wie es zeitgenössisch für inszenierte Fiktion für die Leinwand hieß, noch sogenannte Natur- oder Aktualitätenaufnahmen. Sie sind früheste Proto-Formen von *Dokufiktion* und *Scripted Reality*.

Die anhaltende öffentliche Vorführung (homonym zu verstehen) der Polizei lässt deren Autorität sinken, so dass die Cavaliere von kleinen Ganoven nicht mehr ernst genommen werden. Der Autoritätsverlust der Polizei droht, die öffentliche Ordnung auf den Kopf zu stellen. Fantoche steht in Verdacht, zum Rollenmodell werden zu können. So bekennt der Polizeipräfekt:

> Alle Autorität ist zum Teufel. Der letzte Stromer lacht ja dem Schutzmann ins Gesicht, der ihn verhaften will. ‚Verhafte lieber die Prinzessin Fantoche!' sagen solche Strolche und grinsen. Solange wir niemand von der Fantoche-Bande verhaften, haben wir überhaupt keine Existenzberechtigung mehr.[15]

Die bewegten Bilder attackieren die Polizei bis zur absoluten Infragestellung, darüber hinaus werden die polizeiliche Überwachung und Verdächtigung gleichermaßen total wie unspezifisch: Eine Wechselwirkung von optischer Identität und möglicher Totalüberwachung lässt eine regelrecht paranoische Verzweiflung keimen, der letztlich sogar die Frau des Präfekten zum Opfer fällt.

Die Filmdistribution ist währenddessen längst nicht mehr auf die Region Genua beschränkt, ganz Italien fiebert mit der Prinzessin, Filmkopien werden bis nach China verkauft. Die Figur wird ein

12 Höllriegel: *Fantoche*, S. 54.

13 Tom Gunning: The Cinema of Attractions – Early Film, Its Spectators and the Avantgarde. In: *Wide Angle* 8,3–4 (1986), S. 63–70.

14 Höllriegel: *Fantoche*, S. 55.

15 Ebd., S. 57.

Medienphänomen, die sogenannte Fantoche-Affäre erschüttert Italien und bringt die bestehende Regierung ins Wanken. Eine Regierung, die ihre ordnende Exekutivgewalt nicht im Griff hat, sei nicht tragfähig, heißt es. Eine Polizei ohne Autorität gefährde nicht nur die öffentliche Sicherheit und den Staat, sondern vor allem das Ansehen der aktuell politisch Regierenden. Also schaltet sich der Innenminister namens Ghezzi persönlich in die Ermittlungen vor Ort ein. Der Polizeipräfekt und er nehmen gemeinsam die Fährte auf. Sie erkennen schnell, dass der neuste und noch spektakulärere Fantoche-Streich die Flug-Vorführung einer gewissen Mademoiselle de Biac sein wird. Von ihrem vermeintlichen Erfolg beflügelt, nehmen sie die Verfolgung auf in einer regelrechten Actionsequenz an der Küstenstraße. In einem vermeintlichen Abschuss der Prinzessin Fantoche durch den Präfekten persönlich kulminiert diese physisch-dynamische Handlungssequenz – die sich aber letztlich erneut als für die Kinematographie strategisch genau vorbereitet und für spektakuläre Aufnahmen inszeniert erweist. Die Polizei kann der Prinzessin und ihrer Filmproduktion nicht beikommen.

Der Fall löst sich schließlich insofern auf, als dass sich herausstellt, dass Madeleine Destour, die Verlobte Eugenios und des Polizeipräfekten Schwiegertochter in spe, die Schauspielerin Marie Dupont alias Prinzessin Fantoche alias die Aviatikerin de Biac war. Ihre eigentliche Identität enthüllt sie letztlich selbst als die einer verstoßenen verarmten Adeligen aus Savoyen, Marie-Madeleine Fanny d'Estourbiac. Über die verschiedenen Identitäten hinweg bekommt die Prinzessinnenfigur dadurch eine nachträgliche Authentizität der Herkunft. Nichtsdestotrotz war der vermeintliche Fall von Beginn an eine ausgeklügelte Anordnung aus öffentlichen Sprechakten und Bildern, weil der vermeintliche Ernst eines Diebstahls, der aus der Geburtstagsüberraschung hervor ging, de facto eine Absprache zwischen dem Bankier und der OCI war. Der als real deklarierte Diebstahl war ein inszenierter, jedoch mit überzeugenden Realitätsmarkern im Zeitungsartikel besetzt. Es liegt damit letztendlich kein schwerwiegendes Delikt und gar kein polizeilicher Fall vor. Weder Bankier Ippoliti noch die OCI hatten Anzeige erstattet. Die Filme als Produkte hatten über die polizeiliche Zensurbehörde den regulären Weg ins Kino gefunden. Prinzessin Fantoche düpiert die Staatsmacht selbst im großen Finale noch, weil sie selbst es ist, die den vermeintlichen Fall beendet, indem sie einen letzten Fantoche-Film mit spektakulärer Verfolgung entlang der Küste und dem finalen Flugzeugabsturz in die Kinos bringt. Mit dem „Tod“ der Prinzessin können letztlich alle Beteiligten ihr Gesicht wahren. Mit ihrem Verlobten Eugenio kehrt ihre Darstellerin und Filmemacherin Marie-Madeleine Fanny d'Estourbiac nach Frankreich zurück, um die Kinematographie aufzugeben und sich dem Theater zuzuwenden.

Prinzessin Fantoche, Frau im Film und Frauenfilm

Den medienhistorischen Hintergrund einer derartigen Erzählung und die eigene Verortung der Films der Prinzessin Fantoche ruft der Text selbst bereits zu Beginn des Romans auf. „Ich hoffe, sie [Prinzessin Fantoche] wird sogar die berühmte Räuberin Cartouche in den tiefsten Schatten stellen“[16], heißt es in den Worten des Filmproduzenten, der damit den Verweis auf den historisch verbürgten französischen *Cartouche*-Film des Jahres 1911 in der Regie von Gérard Bourgeois benennt. Die Figur der Verbrecherin findet hier ein kinematographisches Vorbild, doch erschließt sich daraus weder das Rollenmodell für die Prinzessin Fantoche noch der Stil der Erzählung von ihr. Vielmehr ist eine spezifisch deutschsprachige Filmgeschichte für diese Figur geltend zu machen. Zunächst waren vergleichbare Figuren Helden und später Heldinnen in Detektiv-Narrativen, die in einer Art intermedialer Dynamik aus Text und bewegtem Bild ihre Formen entfalteten. Die Etablierungsphase des Kinos findet in Deutschland quasi zeitgleich mit der des sogenannten Groschenheftes statt. Auch die Faszination sowie die Anfeindungen, die beiden entgegengebracht werden, sind ähnlich gelagert in den ‚Schund-Debatten‘ ab 1910. In Deutschland wird das Format Groschenheft dominiert von Kriminal- und Detektivstoffen. Neben Figuren wie Nick Carter, Nat Pinkerton oder Pat Conner gehört beispielsweise auch der Hintertreppen-Sherlock Holmes zum Personenarsenal, also die Aneignung einer bereits etablierten Figur. Diese Charaktere finden nahezu zeitgleich mit ihrer textuellen Formierung und Popularisierung übernational den Weg auf die Leinwand. Die französische Eclair verfilmt ab 1908 Nick Carter, ihre Konkurrenz von Eclipse im gleichen Jahr Nat Pinkerton, die dänische Nordisk startet ebenfalls 1908 ihre Sherlock-Holmes-Serie mit Viggo Larsen, der auch in der Nordisk-Produktion *Pat Corner* (DK 1909, R: Viggo Larsen) die

16 Höllriegel: *Fantoche*, S. 8.

Hauptrolle spielt. Den namenlosen Autoren der sogenannten Hintertreppen-Detektivgeschichten war daran gelegen, in Stil und Ausdruck eine geradezu filmische Erzählweise zu entwickeln, während zugleich der Film diese Form der textuellen Narration ausgesprochen gut in bewegte Bilder adaptieren konnte – eine wechselseitige Durchdringung. Dafür tritt zunächst der analytische Prozess, der den bereits etablierten Detektivgeschichten ihre Struktur gibt, in den Hintergrund zugunsten eher handlungsorientierterer Geschehen, wie es auch bei den Films der Prinzessin Fantoche ganz deutlich wird und stilbestimmende Auswirkungen hat.[17] Ebenso spielt der Autor Arnold Höllriegel mit den Groschenheft/Film-Genre-Konventionen, die neben physischer Stärke, optischer Wandlungsfähigkeit und Listenreichtum insbesondere die frechen Sprüche markieren. Für das Kino wiederum entstand im Jahre 1913 eine eigene Spielart des Detektivfilms speziell in den deutschsprachigen Produktionen. In Abgrenzung zu einer beinahe übermächtigen Konkurrenz aus Frankreich und Dänemark sollte eine Art ‚National-Stil des Detektivischen' (ungeachtet der franko- und anglophonen Namensgebungen) entwickelt werden. Die Filmemacher des Wilhelminischen Deutschland erweiterten das Genre zunächst um eingeflochtene Liebesgeschichten, vor allem jedoch offenbarten sie deutlicher noch als ihre ausländischen Konkurrenten ein ausgestelltes Interesse an den Möglichkeiten moderner Technik, vor allem Verkehrs- und Medientechnik, und sie ergriffen zugleich auffällig Partei für gesellschaftliche Außenseiter. Der Detektiv als zentrale Figur rückte dagegen in den Hintergrund.[18] Travestorischer Spaß an der nicht-deutschen Namensgebung, Verflechtung von Liebes- und Detektivgeschichte, technische Gadgets als Motor der Ermittlungsvorgänge und Verfolgungsjagden – all das macht auch den Roman *Die Films der Prinzessin Fantoche* aus.

Im Zuge dieser Tendenzen entwickelt sich verhältnismäßig randständig und kurzlebig der ‚Detektivinnen-Film' als „eigenständiges Subgenre. Im deutschen Kino nimmt die Nobody-Serie des Jahres 1913

17 „Die Heftromane […] [kommen] dem *filmischen Erzählen* nahe. Damit büßen die Serien das *Fair Play* der klassischen Detektivgeschichten ein. Der Leser ist nicht länger gleichberechtigter Konkurrent des materialsammelnden Detektivs. Er ist nunmehr distanzierter Beobachter, dessen Wissensstand bisweilen deutlich über dem des Detektivs liegen kann. Er nimmt dieselbe Haltung zum Geschehen ein wie der Zuschauer im Kinosessel. Auch die Bilder im Kopf des Lesers gleichen dem, was er im Kino sieht oder aber bereits gesehen hat." (Hesse: *Kamera-Auge*, S. 47.)

18 Vgl. ebd., S. 85.

mit Senta Eichstaedt in der Titelrolle eine Sonderstellung ein."[19] In dieser dreiteiligen Reihe[20] ist dann auch eine wesentliche Strukturähnlichkeit zwischen der Detektivfigur Nobody und der Prinzessin Fantoche zu erkennen. Prinzessin Fantoche ist nicht frei und befreit von den geschlechtsspezifischen Zuschreibungen als Genrefigur, beispielsweise spielt sie eine als ‚überlegen' deklarierte weibliche Tarnfähigkeit aus, die auch „in der Detektivinnen-Literatur immer wieder verwendet und dann vom Detektivinnen-Film übernommen"[21] wird. Zudem nimmt Nobody sich „die Freiheit heraus, all das zu tun, was der männliche Detektiv auch tut. Doch ihren Triumph über die Gegner verdankt sie – wie ihre literarischen Vorgängerinnen – ‚weiblicher List'."[22] Analog ist von der List und dem Fintenreichtum von Prinzessin Fantoche zu lesen. Nichtsdestotrotz ist Höllriegels Variation der literarischen Prinzessin aus der filmischen Detektivin eine überzeugende Position dafür, „daß Kino mit weiblichen Protagonisten nicht mehr zwangsläufig soziales Drama oder Liebesfilm sein muß"[23] und immerhin „mit weiblichen Rollenklischees effektvoll gebrochen zu haben."[24]

Als mediale Konstellation wiederum ist die Prinzessinnenfigur Fantoche mehr als eine Irritation hergebrachten Verständnisses, sondern tatsächlich ein Neuentwurf. Emilie Altenloh hält fest:

> Für die Ereignisse von öffentlichem Interesse spielt der Film die Rolle der Zeitung, und mit den Berichten aus aller Welt kommt der einem Zuge der Zeit „dem über alles unterrichtet sein wollen" entgegen. Da, wo die kinematographische Berichterstattung wirklich die Stelle der Zeitung einnimmt, interessieren die Tages- und Wochenrevuen auch sehr stark. Sind die Bilder erst alt, so ist das flüchtige Interesse an den Ereignissen schon längst wieder verflogen. Es galt ja nur dem Neuesten, der augenblicklichen Gegenwart und nicht dem tatsächlichen Inhalt.[25]

Das, was hier kritisiert wird, ist nach den Detektiverzählungen der zweite kulturhistorische Hintergrund der *Films der Prinzessin Fantoche.*

19 Hesse: *Kamera-Auge*, S. 100.

20 *Nobody – Der weibliche Detektiv. 1. Der schwarze Diamant* (D 1913, R: Willy Zeyn). *Nobody – Der weibliche Detektiv. 2. Das Geheimnis von Chateau Richmond* (D 1913, R: Willy Zeyn). *Nobody – Der weibliche Detektiv. Die Jagd nach der Hundertpfundnote oder die Reise um die Welt* (D 1913, R: Willy Zeyn).

21 Hesse: *Kamera-Auge*, S. 106.

22 Ebd., S. 117.

23 Ebd., S. 114.

24 Ebd., S. 123.

25 Altenloh: *Soziologie des Kino*, S. 13.

Was die Soziologin Altenloh in der vielleicht ersten Auseinandersetzung mit wissenschaftlichem Anspruch über Film und Kino kritisiert, nämlich eine Differenz zwischen bewegten Bildern der „augenblicklichen Gegenwart" und dem „tatsächlichen Inhalt" eines Ereignisses (was immer diese offenbar nur von Texten gestaltbare Sache auch sein möge), ist eine bis in die heutigen Tage recht geläufige Medienkritik. Aber dass und wie die Bilder des Kinos tagesaktuelle Ereignisse vielmehr als nur berichtend begleiten können und sich damit als alles andere als vermeintlich defizitär denken lassen, demonstriert Höllriegel in seiner Erzählung und formiert mit seiner Prinzessin Fantoche eine avancierte Wissensfigur des Films über Fakt und Fiktion. Mit der Infragestellung dieser Dichotomie vollzieht diese spezifische Prinzessinnenfigur weibliche Emanzipationsansätze als medialen Akt von Ermächtigung des Selbst(-Bildes) in Zeiten von erhöhter Wirkmacht des Mediums Kinematographie. Entworfen und entnommen aus zunächst ganz anders gelagerten Rollen- und Verwertungskontexten, kann Prinzessin Fantoche mittels der Wege und Formen ihres öffentlichen Kino-Bildes sehr medienbewusst über sich selbst bestimmen. Entsprungen der Fantasie eines Filmproduzenten, hat es die ‚Marionette' erreicht, die Mechanismen des Kino so zu nutzen, dass sie sich von den Fäden zu lösen vermag und zu einer Marionettenspielerin wird, die die Bewegungen anderer steuert.

Im Zuge dieser Selbstbestimmung wandelt sich aber vor allem für die fiktive Prinzessin ihr vom Filmproduzenten ursprünglich erhofftes Potenzial als Protagonistin und Identifikationsfigur für die Kinobesucherinnen, wie es beispielsweise der Märchenprinzessin für Hörerinnen und Leserinnen über Jahrhunderte zugedacht gewesen ist. Das hergebrachte, immer wieder etablierte Stereotyp von Passivität und ergebener Erfüllung feudaler Umgangsformen wird durch Höllriegels Filmprinzessin durchbrochen, neu erschaffen und kontextualisiert. Gerade die Figur der Prinzessin bietet sich an, um mit den *Films der Prinzessin Fantoche* Möglichkeitsformen der Kinematographie nicht als Reproduktion und Perpetuierung sozialer Muster, sondern als deren Neuordnung aufzuzeigen.

„Die Bettelprinzeß"
Von Hedwig Courths-Mahler zu Hella von Sinnen

Thomas Küpper

Wenn Romane und Liebesfilme den glücklichen Aufstieg eines armen Mädchens zur Prinzessin darstellen, ist Ideologiekritik schnell zur Stelle: Wird das Publikum vom Glanz dieses unwahrscheinlichen Aufstiegs nicht verblendet? – So lautet der übliche Einwand. Ernst Bloch zum Beispiel kritisiert „Geschichten aus Syrup", in denen „vorgetäuschte Lebensläufe in aufsteigender Linie besichtigt [werden], empor zu Geld und Glanz, auf dem Papier".[1] Der Pfiff sei immer der des „unmöglichen Zufalls": Der Glücklichen falle das Glück zu, insbesondere durch eine unverhofft „gute Partie", eine Heirat in die „oberen Zehntausend" – damit vermittle eine solche Magazingeschichte „den Zaunblick, den falsch hoffnungsvollen, in die reichsten Kreise"; sie sei, „besonders in Amerika, das millionenfach verbreitete Fusel-Epos vom großen Los".[2]

Diese Art von Ideologiekritik wird im 20. Jahrhundert vor allem gegen die Liebesromane von Hedwig Courths-Mahler vorgebracht; die Schriftstellerin gilt lange Zeit als „Kitschière non plus ultra"[3] und das aus ihrem Namen gebildete Adjektiv „courthsmahlerisch" ist zum Synonym für ‚kitschig' geworden.[4] Courths-Mahlers Geschichten von Reichtum und Adel erscheinen aus ideologiekritischen Perspektiven in der Weimarer Republik höchst gefährlich. Alfred Uhlmann-Lugau etwa warnt 1924 in der *Memeler Volksstimme* vor der „Courths-Mahlaria" als einer „Volksseuche"; er stellt fest:

> Es ist geradezu erschreckend, welchen Einfluß besonders die Courths-Mahler mit [...] ihrer kitschig-verlogenen Verherrlichung großbürgerlichen oder

1 Ernst Bloch: *Das Prinzip Hoffnung*. Frankfurt am Main: Suhrkamp 1990, S. 406–407.

2 Ebd., S. 407–408.

3 K[arl] S[chnog]: 70. Geburtstag der erfolgreichsten Frau Deutschlands. In: *Escher Tageblatt*, 13.03.1937. Für diesen und für weitere Hinweise danke ich Gregor Ackermann.

4 Vgl. Walter Krieg: *„Unser Weg ging hinauf". Hedwig Courths-Mahler und ihre Töchter als literarisches Phänomen*. Wien / Bad Bocklet / Zürich: Stubenrauch 1954, S. 18.

> feudalen Familienlebens auf weite Kreise unseres Volkes, besonders aber auf die Frauen des Kleinbürgertums und der Arbeiterschaft gewonnen hat![5]

Der Kampf gegen „diesen verderblichen Schund“ sei daher nicht nur eine „kulturelle“, sondern auch eine „eminent *soziale* Notwendigkeit“, denn auf Frauen, die ihr Wunschideal aus Courths-Mahler-Romanen erträumen, sei im Sinne des Sozialismus niemals zu hoffen.[6]
Ähnlich betont Ernst Simon 1923 in der Beilage „Für unsere Frauen“ des *Sächsischen Volksblattes* (Zwickau), einer Zeitung, die dem linken Flügel der SPD nahe stand, dass es sich bei Courths-Mahlers Romanen „durchaus um Schundliteratur“ handle, wenn auch „nicht gerade um solche, gegen die sich der Kampf des Zensors und der Jugend“ üblicherweise richte; denn von „groben Verstößen gegen das ‚Sittengesetz‘“ sei in diesen Romanen meist keine Rede: „Jedes junge Mädchen kann ohne sittliche Gefahr die Romane der Courths-Mahler lesen – und das Gefährliche: fast jedes junge Mädchen liest sie denn auch wirklich.“[7] Das Verderbliche dieser Texte liege auf anderem Gebiet, und zwar in der „demoralisierende[n] Wirkung des Kitsches“; schließlich gäben sie „den kleinbürgerlichen Schichten ein großbürgerliches Wunschbild, ein bourgeoises Ideal“.[8] Dadurch seien die Romane einer „wirkliche[n] Erneuerung des Volkes“[9] hinderlich:

> An die Stelle des revolutionären Impulses tritt die Sehnsucht, den Gestalten der kapitalistischen Phantasie gleich zu sein. […] An die Stelle der vollen Erneuerung tritt der banausische Wunsch, sich selbst in die Lage der Besitzenden zu setzen – mit allen lähmenden Konsequenzen, die das auf politischem und kulturellem Gebiet haben muß.[10]

Im Kino biete sich dasselbe Bild: „Auch da rollen elegante Autos, denen Fracks, Uniformen und Roben entsteigen, auch da wird auf den Balkonen herrlicher Villen gefrühstückt.“[11] Das Publikum solcher Filme sei identisch mit dem von Courths-Mahler: „Arbeiter und Kleinbürger, die neidlos […] einen Blick in die ‚höhere‘ Welt tun

5 Alfred Uhlmann-Lugau: Die Courths-Mahlaria – eine Volksseuche. In: *Memeler Volksstimme*, 21.03.1924, S. [3].

6 Ebd.

7 Ernst Simon: Die Pelzkönigin. Ein Beitrag zur Soziologie des Schundromans. In: *Sächsisches Volksblatt* (Zwickau), 08.10.1923, Beilage „Für unsere Frauen“.

8 Ebd.

9 Ebd.

10 Ebd.

11 Ebd.

dürfen – und dann zufrieden in ihr dumpfes Heim zurückkehren.“[12] Entsprechend führten der ‚Kitsch‘-Roman und das Kino zu einer „Beruhigung im Wünschendürfen, die jeder ehrlichen Erneuerung im Wege steht“[13]. Auch später noch wird dem Publikum von Courths-Mahler oft unterstellt, es träume davon, zur Prinzessin aufzusteigen. Karl Markus Michel zum Beispiel erklärt 1959:

> Das Modell, nach dem [...] die rührendsten Tränen verfertigt wurden, war das vom Aschenputtel, vom Grafen, der das brave Kind heimholt. Seine Krönung fand es in den zum Inbegriff des literarischen Kitsches gewordenen Romanen der Hedwig Courths-Mahler. Seitdem träumt noch manches alte Mägdlein von einem, der ihr den goldenen Pantoffel reicht.[14]

Doch inwiefern sind solche Kritiken berechtigt? Welches Verhältnis zwischen Fiktion und Alltagswirklichkeit wird in Courths-Mahlers Texten vorgestellt? Legen sie nahe, diese Bereiche miteinander zu verwechseln? Bei dem Alltag der Leserschaft handelt es sich, so wird üblicherweise angenommen, um den von niedrig gestellten Frauen – entsprechend nennt man Courths-Mahlers Romane oft abfällig „Dienstmädchenlektüre“, indem man sich selbst einer anderen Klasse oder auch einem anderen Geschlecht zuordnet.[15] Vom Alltag eines „Dienstmädchens“ aber weichen die in den Romanen dargestellten Prinzessinnen nicht nur dadurch ab, dass sie einer höheren Schicht angehören (Verortung auf einer vertikalen sozialen Achse), sondern auch dadurch, dass sie einer Märchenwelt angehören (Verortung in einer Fiktion). Courths-Mahler bezeichnet ihre Romane selbst

12 Ebd.

13 Ebd. Weniger entschieden auf eine „volle[] Erneuerung“ der Gesellschaft ausgerichtet ist die Kritik von Charlotte Lobero. Die Autorin fragt, wie es um diejenigen bestellt sein muss, die an Courths-Mahlers Büchern Gefallen finden, welche „ihnen immerzu das Leben malen voll schädlicher, weil unwahrer und verlogener Romantik? Diese Menschen *müssen* ja den Sinn verlieren für alles wirkliche Geschehen in und um sich. Das junge Mädchen, das sich Tag für Tag auf dem Hin- und Rückwege von der Arbeitsstätte in jene Scheinwelt der ‚Grafen‘ und ‚Barone‘, des Luxus und der Mondäne vertieft, wie kann ihm der Sonnenstrahl, der ihm vielleicht die ärmliche Stube vergoldet, noch Freude machen?“ (Charlotte Lobero: Sage mir, was du liest… In: *Saarbrücker Zeitung*, 23.07.1927, Beilage „Die Gegenwart“.)

14 Karl Markus Michel: Gefühl als Ware. Zur Phänomenologie des Kitsches. In: *Neue deutsche Hefte* 57 (1959), S. 31–48, hier S. 35.

15 Vgl. Alphons Silbermann: Von der Kunst, unterhaltsam zu schreiben. Die Liebe bei Hedwig Courths-Mahler. In: *Internationales Archiv für Sozialgeschichte der deutschen Literatur* 18,1 (1993), S. 69–85, hier S. 69.

ausdrücklich als Märchen.[16] Gerade der unwahrscheinliche Aufstieg zum Höheren und Glänzenderen gehört zu den Mustern, die aus Märchen bekannt sind: vom Aschenputtel zur Prinzessin, vom hässlichen Entlein zum Schwan.[17] Somit ist die soziale Dimension von Courths-Mahlers Romanen bereits mit der Kategorie der Fiktionalität verschränkt. Dieser Umstand hindert zwar nicht daran, Rollen- und Handlungsmuster bei Courths-Mahler ideologiekritisch zu betrachten; allerdings darf nicht übersehen werden, welche Eigenständigkeit und insbesondere: welchen Grad an Künstlichkeit die märchenhafte Fiktion für sich gegenüber der sozialen Wirklichkeit beansprucht.

Exemplarisch zeigt sich die Markierung des Märchenhaften in Courths-Mahlers Roman *Die Bettelprinzeß*, der erstmals 1913/14 als Fortsetzungstext in *Die Mädchenpost. Wochenschrift für die weibliche Jugend* erschien und dann als Gesamttext in einer Reihe mit dem Titel „Mädchenbücher".[18] Die Handlung erscheint wie eine Variation von *Aschenputtel*: Liselotte Hochberg, eine Waise, wird auf Schloss Bodenhausen aufgenommen. In dieser Umgebung wird sie oft missachtet und herabgesetzt: Junker Hans verhält sich zwar liebevoll ihr gegenüber, doch Baroness Lori verspottet sie immer wieder als „Bettelprinzeß". Schließlich aber erfährt Liselotte, dass sie selbst adliger Abstammung ist und Schloss Hochberg erben wird, das – wie bereits an den sprechenden Namen der Besitztümer deutlich wird – noch viel prachtvoller ist als Schloss Bodenhausen. Junker Hans gesteht Liselotte seine Liebe zu ihr, ohne von ihrer Herkunft und ihrem Reichtum zu wissen. Als finanziell weit überlegene Komtesse heiratet sie den Junker, während Baroness Lori ihren Hochmut ablegen muss.

Das Märchenhafte dieser Handlung wird im Text ausdrücklich markiert: Als Liselotte beispielsweise erstmals Schloss Hochberg sieht, erscheint es ihr „wunderschön, wie ein Märchenschloß"[19]. Die Gräfin, die Liselotte als die zukünftige Herrin des Anwesens aufnimmt, spricht vom „Königsschloß im Märchen, in das eine arme Bettelprinzeß

16 Brief der H.C.-M. an H.R. In: Hans Reimann: *Hedwig Courths-Mahler – Schlichte Geschichten fürs traute Heim*, geschmückt mit reizenden Bildern von George Grosz. Hannover: Steegemann 1922, S. 145–148, hier S. 148.

17 Vgl. Andreas Graf: *Hedwig Courths-Mahler*. München: dtv 2000, S. 121.

18 Im Folgenden zitiert nach der 10. Aufl. (151.–180. Tausend) der Publikation in der Reihe „Mädchenbücher. Eine Sammlung beliebter Erzählungen", hrsg. v. der Redaktion der Mädchenpost. Berlin: Deutsches Druck- und Verlagshaus 1919.

19 Ebd., S. 261.

ihren Einzug hält, um darin eine warme Heimat zu finden“[20]. Liselotte, von der Gräfin versichert, dass sie auf Schloss Hochberg bleiben darf, sagt: „[...] mir ist zumute, als erlebe ich ein Märchen“[21]. Die Gräfin antwortet ihr lächelnd: „Nun, es soll ein schönes Märchen werden, ein Märchen, das Wirklichkeit wird. Dafür lassen sie mich sorgen, Kind. Es macht mir Freude, wie die gute Fee für das arme kleine Aschenbrödel zu sorgen.“[22] Später wird erzählt, Liselotte sehe wie „eine junge Märchenkönigin“ aus.[23] An anderer Stelle vergleicht eine Figur Liselotte und Lori mit den „beiden Marien im Märchen Frau Holle“[24].

Welche Funktion haben diese häufigen Markierungen des Märchenhaften? Sie liegt nicht allein darin, die Fiktionalität des erzählten Geschehens hervorzuheben,[25] so dass das Publikum einen guten Ausgang, unwahrscheinliches Glück am Ende und bekannten Schemata entsprechende Figurenzeichnungen und Handlungsverläufe erwarten kann. Mit der Arrangiertheit der vorgestellten Welt wird auch die Arrangiertheit der dargebotenen Gefühlsreize betont. Der Roman gibt dem Publikum Anlässe zu starken Gefühlen und legt zugleich offen, dass diese Anlässe eigens ‚gegeben‘, schriftstellerisch produziert werden. Mit einem Begriff von Thomas Anz wäre zu sagen: Die Autorin tritt als „Reizkonfiguratorin“[26] in Erscheinung. Das Publikum lässt sich nicht nur auf die mit ihrem Namen verbundenen Fiktionen ein, sondern auch auf die ihr zurechenbaren Reiz-Offerten.

Beides wird dem Publikum bewusstgemacht, indem die Romane ihr Ästhetisches, ihr Zum-Fühlen-hergestellt-Sein reflektieren. Als etwa Heinrich, „ein großer, starker Bursche“, Liselotte mit ihrer verwitweten Mutter sieht, ist er ergriffen von dem „Bild“, das sich ihm bietet:

20 Ebd., S. 263.

21 Ebd., S. 272. Vgl. auch ebd., S. 281: „Ob ich [Liselotte, T. K.] doch vielleicht verzaubert und in ein Märchenschloß geraten bin?“

22 Ebd., S. 273.

23 Ebd., S. 291.

24 Ebd., S. 172–173.

25 Vgl. auch Kathrin Pöge-Alder: *Märchenforschung. Theorien, Methoden, Interpretationen.* Tübingen: Narr 2007, S. 25.

26 Vgl. Thomas Anz: Gefühle ausdrücken, hervorrufen, verstehen und empfinden. Vorschläge zu einem Modell emotionaler Kommunikation mit literarischen Texten. In: Sandra Poppe (Hrsg.): *Emotionen in Literatur und Film.* Würzburg: Königshausen & Neumann 2012, S. 155–170, insbes. S. 157–158.

> Der Schein der Lampe beleuchtete nun ein so liebliches, rührendes Bild, daß selbst der lange Heinrich ein Weilchen wie gebannt hinüber blickte. Auf der Bank saß eine blasse, aber schöne junge Frau […]. In ihren Armen hielt sie ein engelschönes, schlafendes Kind.[27]

Das „Bild", in dem der betrachtenden Figur die engelhafte, so wenig alltägliche Schönheit aufscheint, hat Züge eines ästhetischen Objekts – und damit des Romans selbst. Es liegt auf derselben Linie, wenn Liselottes adlige Großmutter „[t]ieferschüttert" eine „Geschichte" vom Ergehen ihrer Enkelin hört und die diese „Geschichte" erzählende Figur sagt: „Ja, ja, gnädigste Frau Gräfin, das ist […] wie ein richtiger Roman, nicht wahr?"[28] Indem der Text die starken Emotionen der zuhörenden Gräfin schildert, wird dem Publikum eine eigene Gefühlsreaktion nahegelegt; zugleich erinnert das „wie ein richtiger Roman" daran, dass man es hier mit gattungstypischer und das heißt: gewollt herbeigeführter Emotionalität zu tun hat. Indem der Roman sein Zum-Fühlen-hergestellt-Sein vorführt, kann das Publikum bewusst entscheiden, ob es in die fiktionale Welt eintaucht und die Reiz-Angebote annimmt – oder sie nicht annimmt. Nicht zuletzt die „Bettelprinzeß" Liselotte erscheint, gerade durch die intertextuellen Bezüge zu Märchengestalten, als Kunstfigur und nicht als Vertreterin irgendeiner Alltagsrealität.

Diese Künstlichkeit wird in den späteren Bearbeitungen von Courths-Mahlers *Bettelprinzeß* noch gesteigert. Das gleichnamige, 1974 erstmals gesendete Fernsehspiel[29] unter der Regie von Bruno Voges nach dem Roman betont die eigene Künstlichkeit: Die Bilder lassen erkennen, dass sie stark durchstrukturiert sind und einfachen, bekannten Schemata folgen. In der Anfangssequenz des Fernsehspiels beispielsweise umarmt das Kind Liselotte einen Bernhardiner; diese idyllische Szene wird von Liselottes Mutter durch ein Fenster gesehen und mit einem gerührten Lächeln und Seitwärtsbewegungen des Kopfes aufgenommen – ähnlich wie im Roman ist das Sichtbare zum Bild geworden. Der Eindruck, man habe es mit Standbildern zu tun, kommt auch dadurch zustande, dass die Kamera-Einstellungen nicht rasch wechseln und dass das Gesehene zitathaft wirkt: Die Komposition ‚Kind mit Hund' erscheint vertraut aus der Genremalerei und -fotografie.

27 Courths-Mahler: *Die Bettelprinzeß*, S. 7.

28 Ebd., S. 242.

29 *Die Bettelprinzeß*. P: Südwestdeutscher Rundfunk 1974. Erstausstrahlung: 24.11.1974.

Abb. 1–2
Aus dem Fernsehspiel
Die Bettelprinzeß.
R: Bruno Voges.
P: Südwestdeutscher
Rundfunk 1974.

Sowohl durch die Reaktion der Mutter-Figur als auch durch das Zitieren erprobter Bild-Schemata wird die Rührung des Publikums vorweggenommen.

Solche Prinzipien durchziehen das Fernsehspiel bis zum Schluss; noch das Happyend spielt mit der Zitathaftigkeit: Als Paar schreiten Liselotte und Hans auf einer lichtbeschienenen, idyllischen Wiese fort, ein weißer Schmetterling fliegt über ihren Weg. Diese Einstellung erweckt den Eindruck, das reine Glück vorzustellen, indem sie sich wiederum an bekannte Schemata anlehnt; jedes scheinbar noch so zufällige Detail, wie der Schmetterling, fügt sich in die Bildsprache ein. Ein weiteres Beispiel für die sichtliche Komponiertheit der Bilder nach einfachen Sinn-Mustern bildet eine Szene, in der die „Bettelprinzeß“ unten an einer Treppe steht, auf deren höheren Stufen sich die spottende Baroness Lori sowie der Junker Hans befinden, so dass die scheinbare Ungleichheit der Stände überdeutlich versinnbildlicht ist.

Diese Ästhetik des Films lässt gegensätzliche Rezeptionshaltungen zu: Zum einen ist es möglich, dass man sich von den derart rein und klar strukturierten Bildern emotional reizen lässt und bei den langen Einstellungen intensive Gefühle auskostet. Zum anderen aber kann das Publikum, indem es das Zitathafte und Überdeutliche der Bilder erkennt, wiederum Abstand zu ihnen gewinnen. Diese Distanz kann darin liegen, dass die Bilder wie gerahmte betrachtet werden – was nicht daran hindert, die Gefühlsreize zu genießen –, oder sie kann stärker von Ironie bestimmt sein, so dass die Reiz-Konfigurationen als misslungen, unannehmbar oder lächerlich aufgenommen werden.

Im Spannungsfeld von Künstlichkeit, Zitathaftigkeit und Ironie präsentiert sich auch das 2003 erschienene Hörbuch zu Courths-Mahlers *Bettelprinzeß*, das Hella von Sinnen als Vorleserin in den Mittelpunkt rückt.[30] Auch in diesem Zusammenhang sind Bilder, und zwar die Coverbilder der veröffentlichten Doppel-CD, signifikant: Hella von Sinnen ist kostümiert als „Bettelprinzeß“ zu sehen, wobei eine Diskrepanz zwischen der Darstellerin und ihrer Rolle aufscheint – durch ihr Alter und ihren Körperumfang entspricht Hella von Sinnen nicht gängigen Erwartungen an ein junges, unschuldiges, armes und machtloses Aschenputtel; eine weitere Diskrepanz liegt darin, dass zum Image der Prominenten in den Massenmedien gehört, sie sei lesbisch.[31] Zudem können in der Mimik der Darstellerin – bei aller Faszination, die von der Maskerade ausgeht – Ironie-Signale ausgemacht werden. Es liegt auf dieser Linie, wenn im Begleitheft der CDs erklärt wird, mit ihnen werde ein Jubiläum des Heftroman-Verlagslabels Bastei gefeiert, und zwar ausdrücklich „mit einem Augenzwinkern“: Man habe „Deutschlands Comedy- und Entertainment-‚Haudegen‘ für dieses witzig-charmante Projekt“ engagiert.[32] Dieser Paratext weist deutlich darauf hin, dass das Hörbuch nicht ohne Ironie zu verstehen ist. Die Betrachtungsweise, die dadurch nahegelegt wird, kann als

30 Hedwig Courths-Mahler: *Die Bettelprinzess*. Sprecherin: Hella von Sinnen. 2 CDs. Bergisch Gladbach: Lübbe Audio 2003.

31 Siehe etwa „Dick, lesbisch, laut“. TV-Komikerin Hella von Sinnen, 52, über ihre Auszeichnung beim Deutschen Comedypreis. In: *Der Spiegel*, 43/2011, S. 153.

32 Courths-Mahler: *Die Bettelprinzess* (Hörbuch).

Abb. 3–4
Hella von Sinnen als „Bettelprinzess“ im Booklet des Hörbuchs.

„Camp“[33] bezeichnet werden. Im Zeichen von Camp ist es möglich, Objekte des so genannten schlechten Geschmacks spielerisch vorzuführen und gewollt „anti-seriös“[34] das ‚Kitschige‘ zu überzeichnen; dabei grenzt man sich von denjenigen ab, die das für ‚kitschig‘ Erachtete unironisch und vermeintlich unreflektiert wertschätzen.[35]

33 Vgl. Susan Sontag: Anmerkungen zu „Camp“. In: Dies.: *Kunst und Antikunst. 24 literarische Analysen*, aus d. Engl. v. Mark W. Rien. Reinbek: Rowohlt 1968, S. 269–284.

34 Ebd., S. 281.

35 Vgl. dazu Claudia Putz: *Kitsch – Phänomenologie eines dynamischen Kulturprinzips*. Bochum: Brockmeyer 1994, S. 101.

Courths-Mahlers *Bettelprinzeß* provoziert aus heutiger Sicht möglicherweise zu solchen ironischen Aneignungen – nicht nur dadurch, dass die Schriftstellerin als ‚Kitsch'-Produzentin verrufen ist, sondern auch und vor allem dadurch, dass die Darstellung des gehänselten Mädchens, das – mit Michels Worten zu reden – „den goldenen Pantoffel" erhält, mit einigen gegenwärtigen Konzepten weiblicher Emanzipation kaum vereinbar ist. Die Ironie, die in Bruno Voges' Fernsehspiel und besonders in Hella von Sinnens Hörbuch mitschwingt, kann als eine Form von Reflexion dieser Aspekte der *Bettelprinzeß* betrachtet werden. Zu kurz gegriffen wäre es jedoch, Courths-Mahlers Werk jegliche Reflexivität abzusprechen – was oft geschieht, ebenso wie man das Publikum des angeblichen ‚Kitsches' als naiv hinstellt. Bereits in Courths-Mahlers *Bettelprinzeß* sind, wie sich gezeigt hat, Reflexivität und ein spielerisches ‚Augenzwinkern' angelegt – wenn auch keine Ironie, die die Emotionalität stören könnte. Gerade wenn das Publikum sich bewusst auf den Märchen-Rahmen einlässt, kann es bis zum Happyend bewegt werden: „Stolz und demütig zugleich schritt sie an der Seite ihres stattlichen Verlobten zum Altar, und niemals hatte es ein glücklicheres Brautpaar gegeben, als Hans Bodenhausen und seine innig geliebte kleine Bettelprinzeß."[36]

36 Courths-Mahler: *Die Bettelprinzeß*, S. 345.

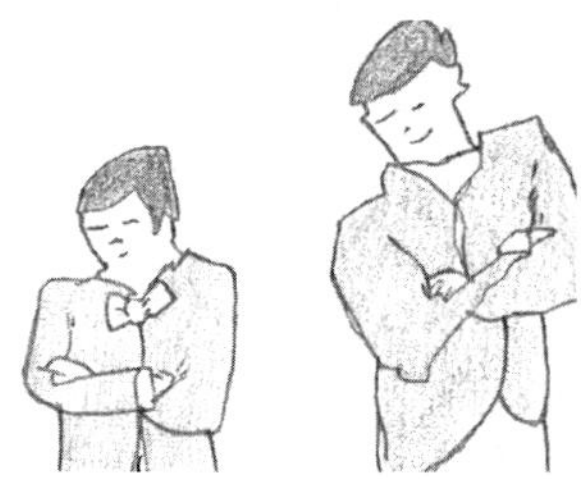

Das Versprechen der *Selbst*produktion

Ein Kommentar zu *Nebulosa* 06/2014 von Julia Schade

Die letzte Ausgabe von Nebulosa *Arbeiterinnen und Arbeiter* macht es sich zur Aufgabe, die Figur der Arbeiter_in nicht nur als in Arbeits- und Produktionsverhältnisse verwobenes und präfiguriertes Subjekt zu betrachten, sondern sie darüber hinaus als sich stetig wandelndes Konzept *von* Arbeit ernst zu nehmen.

Die Beiträge verhandeln den Arbeitsbegriff im Spannungsfeld zwischen Entfremdungs- und Zwangscharakter auf der einen und neueren Formen der neoliberalen Selbstverwirklichung auf der anderen Seite. Eine erste Sektion widmet sich mit Texten von u. a. Harald Strauß, Michael Beron und Leon Gabriel der Frage der immateriellen Arbeit als Produktion von Subjektivitäten, während im zweiten Teil die Beiträge von Philipp Reick und Ulf Teichmann geschichtliche Auflehnungsmodelle der Arbeiter- und Studentenbewegung beleuchten und Anna Hollendung aktuelle Diskurse über heutige Zwangsverhältnisse am Beispiel von Sexarbeiter_innen diskutiert.

Dabei taucht immer wieder ein Aspekt auf, der im Folgenden näher herausgearbeitet werden soll: die Totalisierung von Arbeit und die damit einhergehenden Ausgrenzung von allem, was nicht auf sie selbst reduzibel ist: der Nicht-Arbeit, des Andersartigen, Arbeitsfremden, Arbeitslosen.

Leon Gabriel beschreibt in seinem Beitrag „Arbeiter*innen, Kreative, Probende" diesen Ausschlusscharakter als wesentlich für die Definitionsgröße Arbeit, da diese, um ihrer totalisierenden Behauptung gerecht zu werden, immerfort dasjenige ausgrenze, „was nicht produzierende Erwerbstätigkeit ist"[1]. Peter Schuck wiederum stellt in seinem Artikel „Gemeinschaft der Zombies zwischen Werk und Entwerkung"[2] mit Maurice Blanchots Begriff der Gemeinschaft ein Gegenmodell jener Totalisierungsbewegung dar. Hier geht es um eine

1 Leon Gabriel: Arbeiter*innen, Kreative, Probende. Eine Haltung, eine Differenz. In: *Nebulosa. Figuren des Sozialen* 6 (2014): Arbeiterinnen und Arbeiter, S. 62–76, hier S. 68.

2 Vgl. Peter Schuck: Gemeinschaft der Zombies zwischen Werk und Entwerkung. In: *Nebulosa* 6 (2014), S. 119–129.

Gemeinschaft, die immerfort ihre eigene *Zer-* und *Aus*setzung riskiert, indem sie versucht, das Ausgeschlossene – das Werklose, Unproduktive, Andere – einzuschließen.
Eine Verbindung zwischen jenem Werk- und Zwang-Verhältnis des modernen Arbeitsbegriffs und seinem geschichtlichen Kulminationspunkt in der nationalsozialistischen Ausbeutungsideologie der Zwangsarbeit zieht Matthias Naumann in der Einleitung.[3]
Ich werde an diesem Punkt ansetzen und mich einem grundlegenden Charakter der Arbeit in der NS-Ideologie zuwenden, dessen Besonderheit darin liegt, gerade die Opposition zwischen Werk und Zwang aufzusprengen und um ein Versprechen von Selbstverwirklichung zu erweitern. Im Folgenden soll beleuchtet werden, inwiefern der NS-Arbeitsstaat gerade nicht nur vom Aspekt der erzwungenen Arbeit bestimmt wird, sondern regelrecht besessen ist vom ‚Werk' im Sinne einer Verheißung der *Selbst*produktion als einem unermüdlichen Erschaffen und Herstellen des ausschließlich *Eigenen*.

„Ehret die Arbeit und achtet den Arbeiter!"[4] – NS-Volksharmonie statt Klassenkampf

„Wir wollen tätig sein, arbeiten, uns brüderlich vertragen, gemeinsam ringen" – dieser Satz, der zunächst relativ harmlos nach dem Mantra kommunitaristischer Arbeitsethik klingt, stammt von Adolf Hitler.[5] In seiner Rede zum ‚Tag der Arbeit' vom 1. Mai 1933 lässt sich besonders gut aufzeigen, wie der Begriff der Arbeit systematisch für die nationalsozialistische Propaganda instrumentalisiert und als Versprechen von *Selbst*verwirklichung zum zentralen Moment der faschistischen Ideologie wird.[6] Dieses ‚Selbst' ist jedoch nicht im Sinne eines autonomen Arbeiter-Subjekts zu verstehen, sondern als das ‚Selbst' einer Volksgemeinschaft: Arbeit bedeutet immer Arbeit *an* dieser und *für* diese Volksgemeinschaft, die Hitler als homogen und klassenlos beschwört und damit radikal von der sozialistischen

3 Vgl. Frank Schöffel / Eva Holling / Matthias Naumann: Notizen zum digitalen Prekariat / A League of Their Own / Werk und Zwang / Die aktuelle Ausgabe. In: *Nebulosa* 6 (2014), S. 7–18, hier S. 16.

4 Adolf Hitler: Rede vom 1. Mai 1933. In: Max Domarus: *Hitler, Reden und Proklamationen (1932–1945)*, Bd. 1. Neustadt: Schmidt 1962, S. 259–264, hier S. 260.

5 Ebd., S. 264.

6 Werner Hamacher hat dies in seiner Studie „Arbeiten Durcharbeiten" ausführlich dargelegt. Vgl. ebd. In: Dirk Baecker (Hrsg.): *Archäologie der Arbeit*. Berlin: Kadmos 2002, S. 155–200. Im Folgenden beziehe ich mich auf die Argumentation Hamachers, um diese dann später um eigene Punkte zu erweitern.

Arbeiterbewegung abgrenzt. Perfiderweise nutzt er gerade den Tag der internationalen Arbeiterbewegung dazu, dem von den Gewerkschaften propagierten Klassenkampf die Legitimität abzusprechen. Sein rhetorischer Trick besteht darin, die Kampfansage durch ein Harmonieversprechen zu ersetzen: Entgegen jener Kämpfe „marxistischer Art“[7] wolle das Volk „nicht Haß, [...] nicht Kampf“, sondern ein harmonisches „Sichzusammenfinden[ ] deutscher Menschen“. Den „Tag des Streites und des inneren Kampfes“ gilt es zu überwinden und in einen „Tag des werdenden Lebens“ zu verwandeln. Die Verheißung lautet eine von allen künstlich geschaffenen Grenzen – nämlich die vom marxistischen Klassenkampf hervorgebrachten „künstlichen Klassen“ – befreite, alle Differenzen aufhebende Gemeinsamkeit. Dies veranschaulicht nur zu gut die folgende Anrufung:

> Deutsches Volk! Du bist stark, wenn Du eins wirst, wenn Du den Geist des Klassenkampfes [...] aus Deinem Herzen reißest. Du kannst hinter Deine Arbeit eine unerhörte Kraft stellen, wenn Du die Arbeit verbindest mit dem Lebenswillen Deines gesamten Volkstums!

Im Zuge einer naturmystischen Verklärung erfährt der Arbeitsbegriff eine Naturalisierung: Leben wird zu Arbeit und Arbeit zu Natur. Arbeit ist so schlicht die berechtigte Rückgewinnung einer ursprünglichen, natürlichen und dem Mensch eigenen Kraft, die nur als „gemeinsame[ ], harmonische[ ] Arbeit Aller“ *für* das ‚Wir‘, *für* die Gemeinschaft, *für* das Volk ihre Daseinsberechtigung hat. Die Arbeit ist in dem Sinne total geworden, als dass sie nichts anderes mehr zulässt und auch nichts anderes mehr generiert als dieses eigene ‚Wir‘ des Volks. Arbeit wird so zur reinen Selbstproduktion – die Gemeinschaft produziert sich selbst *durch* Arbeit.[8]

In dieser zyklischen Logik der Selbsterzeugung ist Arbeit aber auch *nur* das, was „nicht den Interessen der Allgemeinheit widerspricht“, wie es Hitler bereits in den zwanziger Jahren im Kapitel „Wertung der Arbeit“ von *Mein Kampf* formuliert.[9] Einfach ist damit in antisemitischer und rassistischer Logik im Umkehrschluss zu definieren, was gerade nicht zu dieser Gemeinschaft gehört, eben weil es nicht *für sie* arbeitet.

7 Hitler: Rede vom 1. Mai 1933, S. 259. Alle Zitate des folgenden Abschnitts aus ebd., S. 259–260.

8 Vgl. Hamacher: Arbeiten Durcharbeiten, S. 171.

9 Adolf Hitler: *Mein Kampf*, 711.–715. Aufl. München: Franz Eher Nachf. 1942, S. 326.

Arbeit als Selbsterlösung vom Minderwertigen

Wofür aber sollen die „schaffenden Deutschen der Stirn und der Faust"[10] so „tätig"[11] arbeiten? Hier erreicht Hitlers Arbeitsbegriff eine christologische Ebene.[12] Das neue ‚Wir' des Volkes arbeitet, um sich wie Christus zu ‚erheben', um sich zu lösen und zu erlösen von den „Minderwertigkeitskomplexen" der Weimarer Republik, die das „Recht" zum Leben und des „Emporstiegs" nicht anerkennen will.[13] Mit dem vorwurfsvollen Ton eines tüchtig arbeitenden Spießbürgers, der sich über Sozialleistungsbezieher und zu hohe Steuern ereifert, lamentiert Hitler, „wir gehören nicht zu denen, die sich bequem auf das Jenseits verlassen. Es wird uns nichts geschenkt. [...] Wir bitten nicht den Allmächtigen: ‚Herr mach uns frei!'". Sondern, und nun folgt der bereits oben zitierte Satz: „Wir wollen tätig sein, arbeiten".[14] Das deutsche Volk wird also nicht erlöst, es erlöst sich kurzerhand selbst *durch* Arbeit.

Genau hier treffen sich die zwei Aspekte des Werkes und des Zwangs: Zum einen die Arbeit des ‚schaffenden' deutschen Volkes, das als sein Werk und sein Produkt sich selbst – die Volksgemeinschaft – erarbeitet, und zum anderen die erzwungene Arbeit, die dazu dient, sich von all demjenigen zu befreien, was jener Arbeit des Selbst fremd ist – das, was als unproduktiv, minderwertig, arbeitsfremd gilt. Damit besteht die Arbeit des nationalsozialistischen Systems maßgeblich in der „Verwerfung des Arbeitsfremden und der Fremdheit der Arbeit ‚selbst' durch Mord". Der Mord rechtfertigt sich perfiderweise gerade als Arbeit *für* das Leben der Volksgemeinschaft – der Tod der Anderen also wird zur Arbeit *an* sich selbst und *für* dieses Selbst. Die Arbeit vernichtet damit, was ein „strukturell irreduzibles" Moment ihrer selbst darstellt, nämlich das, was sich just nicht unter dem ‚Selbst' der Volksgemeinschaft subsumieren lässt – das, „worin sie selbst einem Fremden ausgesetzt ist, das sich nicht als Arbeit definiert, sich nicht aneignen" lässt.[15]

10 Verordnung Adolf Hitlers über die Deutsche Arbeitsfront vom 24. Oktober 1934. In: Walther Hofer (Hrsg.): *Der Nationalsozialismus. Dokumente 1933–1945*. Frankfurt am Main: Fischer 1957, S. 87.

11 Hitler: Rede vom 1. Mai 1933, S. 264.

12 Hamacher: Arbeiten Durcharbeiten, S. 160.

13 Hitler: Rede vom 1. Mai 1933, S. 261.

14 Ebd., S. 264.

15 Alle Zitate dieses Absatzes aus Hamacher: Arbeiten Durcharbeiten, S. 164.

Martin Heidegger: Arbeit als Selbstproduktion

Ein weiterer, jedoch wesentlich komplexerer Auswuchs faschistischer Arbeitslogik lässt sich bei Martin Heidegger finden, bei dem während seiner Rektoratszeit 1933–34 Arbeit, Dasein und Wissen eine gefährliche Allianz eingehen. Ganz im Sinne des bereits bei Hitler aufgezeigten Kurzschlusses von Leben und Arbeit erklärt er letztere zur Wesensbestimmung des Daseins und legt damit eine ontologische Bestimmung des Arbeitsbegriffs vor, die eine vehemente Verschiebung seiner Existentialanalytik des Daseins bedeutet.[16] Besonders deutlich zeigt sich dies in einer Rede, die Heidegger anlässlich des ‚Arbeitsbeschaffungsprogramms' am 22. Oktober 1933 vor 600 Arbeitslosen im größten Saal der Universität Freiburg hält.[17] Bereits diese Angabe macht stutzig, denn, so ließe sich fragen: In welches Verhältnis treten hier Wissenschaft und Arbeit – was kann der Philosoph als Rektor der Universität Freiburg einer so großen Menge an ‚Arbeitslosen' zu sagen haben, dass diese Rede als ‚nationalsozialistische Schulung'[18] fungiert? Was hat also die Wissenschaft mit der Beschaffung von Arbeit zu tun?

Mit genau dieser Frage setzt auch Heideggers Rede an die Arbeitslosen ein:

16 Die Frage, wie Heideggers nationalsozialistisches ‚Engagement' von 1933 im Hinblick auf sein restliches Schaffen vor und nach der Rektoratszeit zu erklären ist und ob es sich dabei um eine bloße ideologische Verirrung handelt, ist Gegenstand zahlloser Studien, die jedoch oft einer pauschalisierenden Verurteilung seines gesamten Schaffens gleichkommen. Philippe Lacoue-Labarthe hingegen untersucht in seiner Studie *Die Fiktion des Politischen* den Rektoratsdiskurs unter Betrachtung spezifischer Begriffe und deren Verschiebung. Er hebt hervor, dass der dem Faschismus verpflichtete Rektoratsdiskurs Heideggers keineswegs als Unfall oder Abweg zu werten, sondern in vielerlei Hinsicht bereits in *Sein und Zeit* angelegt und deswegen „wenig überraschend" sei. Allerdings betont auch er, dass nichts auf die Ontologie der Arbeit vorausdeute, die Heidegger 1933–34 entwickelt. Vgl. Philippe Lacoue-Labarthe: Die Fiktion des Politischen. In: Ders.: *Dichtung als Erfahrung / Die Fiktion des Politischen / musica ficta (Figuren Wagners).* Basel: Engeler 2009, S. 118–231, hier S. 207, sowie vgl. ders. /Jean-Luc Nancy: *Le mythe nazi.* La Tour d'Aigues: Éd. de l'Aube 1998. Darüber hinaus nimmt Gerard Granel eine ausführliche Analyse der *Rektoratsrede* Heideggers vor und bezieht sich darin ebenfalls auf Lacoue-Labarthe, vgl. Gerard Granel: Pourquoi avons-nous publié cela? In: Ders.: *De l'Université.* Mauvezin: T.E.R. 1982, S. 99–143.

17 Der Text ist abgedruckt in Guido Schneeberger: *Nachlese zu Heidegger. Dokumente zu seinem Leben und Denken.* Bern: [Selbstverl.] 1962, S. 198–202. Im Folgenden: Arbeitsbeschaffungsrede.

18 Ebd., S. 199.

> Diese Begrüßung soll sogleich der Beginn der gemeinsamen Arbeit sein. Wir fangen an, indem wir uns klar werden, über die bisher unerhörte Tatsache, daß Ihr, Notstandarbeiter der Stadt Freiburg, im größten Hörsaal der Universität mit uns zusammenkommt. Was bedeutet diese Tatsache?[19]

Die Antwort lautet: Heidegger behauptet Wissenschaft(ler) und Arbeit(er) als ebenbürtig. Dies steht ganz im Zeichen der Ideologie einer grenzen- und klassenlosen Volksgemeinschaft, wie sie Hitler entwickelt: Zwischen dem „Arbeiter der Faust" und dem „Arbeiter der Stirn" soll eine „lebendige Brücke"[20] geschlagen werden, denn

‚Die Arbeiter' und die ‚wissenschaftlich Wissenden' sind keine Gegensätze. Jeder Arbeiter ist je in seiner Weise ein Wissender und nur als Wissender kann er überhaupt arbeiten.[21]

Mit der kleinen Ausnahme, dass Wissenschaft „nur die *strengere* und damit *verantwortungsvollere* Weise" des Wissens sei. Diese Einschränkung des „nur" jedoch verflüchtigt sich bald, denn in dem diesen Worten folgenden Diskurs wird Wissenschaft gar zur Arbeit *par excellence* erhöht. Wissenschaftliches Wissen ist in dieser Logik immer schon Arbeit, denn jede Arbeit „gründet sich auf [...] eigentliches Wissen" und gilt als „etwas Geistiges". Damit ist jeder Wissenschaftler, jeder „wissenschaftlich Entscheidende", immer schon Arbeiter".[22]

Die Identität von Wissen und Arbeit

In der am 27. Mai 1933 gehaltenen sogenannten *Rektoratsrede*[23] Heideggers findet sich eine ebenso deutliche Behauptung der Identität von Arbeit und Wissen und der Bestimmung von Dasein als Arbeit. Dies geschieht maßgeblich, indem Heidegger den Begriff der *téchne* in einem Aischylos-Zitat mit dem Wort ‚Wissen' übersetzt. Téchne wiederum gilt ihm darüber hinaus als „die höchste Weise der *energeia*, des ‚am-Werke-Seins', des Menschen". Téchne hat damit die Doppelbedeutung von Arbeit und Wissen. Darüber hinaus definiert er

19 Heidegger: Arbeitsbeschaffungsrede, S. 199.

20 Ebd., S. 200. Es finden sich immer wieder frappierend eindeutige Gemeinsamkeiten zwischen der Rhetorik Heideggers und derjenigen Hitlers. Die beiden Termini „Arbeiter der Faust" und „Arbeiter der Stirn" finden sich wieder in der bereits zitierten Rede vom 24. Oktober 1934.

21 Heidegger: Arbeitsbeschaffungsrede, S. 202.

22 Alle Zitate des Absatzes aus Ebd.

23 Martin Heidegger: Die Selbstbehauptung der deutschen Universität. In: Ders.: *Gesamtausgabe*, Bd. 16: Reden und Zeugnisse eines Lebensweges, 1910–1976. Frankfurt am Main: Klostermann 2000, S. 107–117. Im Folgenden: Rektoratsrede.

Wissen als Daseins-bestimmend: Wissenschaft setzt Heidegger hier als „die innerst bestimmende Mitte des ganzen volklich-staatlichen Daseins“ und „die das ganze Dasein scharfhaltende und es umgreifende Macht“. Das Dasein der Volksgemeinschaft wird also ganz und gar aus seiner Mitte heraus durch Wissenschaft definiert. Dieses Wissen ist nun aber keine passive „reine Betrachtung“, sondern als tätiges „betrachtende[s] Fragen“ die „höchste Verwirklichung echter Praxis“.[24] Im Gegensatz zur *Arbeitsbeschaffungsrede*, die noch die Gleichberechtigung zwischen Wissen und Arbeit propagiert, handelt es sich hier um eine markante Privilegierung des Wissens und der Wissenschaft als die *echte* Arbeit.

Das, was in der *Arbeitsbeschaffungsrede* ‚beschafft' werden soll, ist nicht nur Arbeit, sondern die Fähigkeit zum Dasein selbst: „Die Beschaffung von Arbeit muß den arbeits- und erwerbslosen Volksgenossen allererst wieder *daseinsfähig* machen im Staat und für den Staat und damit für das Volksganze.“ Ähnlich wie Hitler verknüpft Heidegger diese Arbeit mit einem Verheißungsmoment der Erlösung vom Anderen: angesichts der durch Klassenkämpfe erkrankten, mutlosen Gesellschaft soll die Arbeitsbeschaffung den „Aufbau und Bau in der neuen Zukunft unseres Volkes“ und die „künftige Gesundung des Volkskörpers“ bewirken.[25]

Im Umkehrschluss bedeutet dies: Daseinsfähigkeit ohne Arbeitsbeschaffung – ein Dasein ohne Arbeit ist nicht möglich. Wer keine Arbeit hat, ist schlichtweg nicht befähigt zum Dasein. Das totalitäre Moment liegt also darin: wer nicht *daseinsfähig* ist, dem bleibt das Recht auf Mitgliedschaft in der ‚deutschen Volksgemeinschaft' verwehrt. Eine solche Wesensbestimmung des menschlichen Daseins durch Arbeit stellt sich nicht nur in den Dienst der nationalsozialistischen Ideologie, sondern stellt deren Kernideologie selbst dar, die all denjenigen, die keine oder die falsche Arbeit ausüben, die Befähigung zum Leben abspricht.

Die Arbeit am Eigenen und gegen das Andere

Ganz offensichtlich faschistische Züge nimmt Heideggers Arbeitsontologie dann an, wenn sie zur Ontologie der *eigenen* Arbeit wird – zur Ontologie der, wie Werner Hamacher herausstellt, „Arbeit selbst, als

24 Alle Zitate dieses Absatzes aus ebd., S. 110.

25 Alle Zitate in diesem Absatz aus Heidegger: Arbeitsbeschaffungsrede, S. 199–200.

des unveräußerlich und unausgesetzt Eigenen". Der Unterschied zu Hitlers simpler Trennung von Eigenem und Fremdem besteht maßgeblich darin, dass Heidegger in der Arbeit des Daseins nicht nur das Eigene, sondern immer auch schon ein Anderes am Werke sieht – ein „auf diese Arbeit nicht Reduzibles"[26]. Dieses wird in der Rektoratsrede beschrieben als ein „Verborgene[s]" und „Ungewisse[s]", „Fragwürdige[s]", dem das Dasein immerfort ausgesetzt sei. Die Arbeit als Wissen(schaft) besteht darin, dieser „Ungewißheit des Seienden im Ganzen" standzuhalten, inmitten der „innersten und äußersten Gefahr".[27] Obwohl Heidegger also ausdrücklich anerkennt, dass ein solches Anderes der Arbeit in ihr am Werke ist, wird die Arbeit des Daseins dezidiert nicht als Arbeit *mit*, sondern *gegen* dieses Andere, Fremde, Ungewisse bestimmt. Das Wesentliche der Rektoratsrede ist nun, dass Heidegger durch einen gefährlichen Kurzschluss von Arbeit, Wissenschaft und Dasein die Universität zur Formierungsstätte jenes Eigenen erhebt. Sie gilt nicht mehr als Ort der Kritik, sondern als Ort des Kampfes, wo Lehrer und Schüler sich zur „Kampfgemeinschaft" fügen und wo „zum höchsten Dienst am Volk" ausgebildet wird.[28]

Mit militärischer Rhetorik beschreibt Heidegger, wie das in der Wissenschaft vereinte Volk gewalttätig „vorrücken" müsse in den „äußersten Posten der Gefahr der ständigen Weltungewißheit". Es geht um den „Marsch", den „unser Volk in seine künftige Geschichte angetreten hat" und um die „geistige Welt", die „erkämpft" werden muss.[29] Die Arbeit des Daseins besteht also gerade darin, das in ihr Ungewisse und Andere kämpferisch einzunehmen und das Eigene vor jenem Anderen zu sichern.

Der Wille, der in der Universität militärisch formiert wird, ist derjenige, der nur im Dienst des Eigenen steht, wie der schrecklich pathetische Satz am Ende der *Rektoratsrede* klarmacht: „Wir wollen uns selbst". Dasein als Wissensarbeit steht damit immer im *Dienst* des Volkes, des Staates, des Eigenen. Universität und Arbeitsstaat gehen Hand in Hand. Wie auch in der *Arbeitsbeschaffungsrede* handelt es sich hier um die Bejahung eines totalitären Staates und der Definition von

26 Alle Zitate dieses Abschnitts aus Hamacher: Arbeiten, Durcharbeiten, S. 167–168.

27 Alle Zitate dieses Absatzes aus Heidegger: Rektoratsrede, S. 111.

28 Ebd., S. 116.

29 Alle Zitate dieses Absatzes aus ebd., S. 111–112.

Arbeit als nur diejenige *für* und *am* Staat, denn nur in ihm sei die „Verwirklichung“ des Daseins möglich.[30]

Den Dienst aber verweigert und die Verpflichtung kündigt diese Arbeitsontologie demgegenüber auf, was der Arbeit in ihrer nicht faschistischen Formierung an Offenem, Andersartigem, Irreduziblem mitgegeben ist. Statt sich diesem auszusetzen, versprechen die zwei hier dargelegten Modelle – sowohl Hitlers christologische Definition der Arbeit als auch Heideggers ontologische – gerade die Befreiung vom Anderen. In beiden Diskursen wird Arbeit in einem totalen Anspruch zur Conditio des Menschen erhoben. Damit ist sie jedoch eben nicht bloß äußerer Zwang, sondern immer auch Versprechen von Selbstverwirklichung. Dementsprechend wundert es kaum, wenn Heidegger ganz nach dem NS-Leitspruch ‚Kraft durch Freude‘ dieses Versprechen um das der „Arbeitsfreudigkeit“ erweitert: „Freude als Grundstimmung ist der Grund der echten Arbeit, die in ihrem Vollzug den Menschen erst daseinsfähig macht.“[31] Angesichts dieses Postulats könnte einen die heutige neoliberale Maxime von Spaß[32] und Selbstverwirklichung durch Arbeit skeptisch machen. Auch wenn es sich auf der einen Seite um das *Selbst* eines Volkes, auf der anderen um das *Selbst* der individualistischen postfordistischen Arbeitnehmer_in handelt: Selbstverwirklichung durch Arbeit und Aufhebung von Ent*fremdung* lautet damals wie heute die Verheißung.

30 Alle Zitate des Absatzes aus ebd., S. 116–117.

31 Martin Heidegger: Logik als die Frage nach dem Wesen der Sprache. In: Ders.: *Gesamtausgabe*, Bd. 38. Frankfurt am Main: Klostermann 1998, S. 154.

32 Wie sie Michael Beron am Beispiel des neoliberalen Universitätsmodells in seinem Beitrag „Bist du ein Funpreneur“ diskutiert. In: *Nebulosa* 6 (2014), S. 49–61.

Gelehrigkeit und: Verführung? Arbeit als Kippfigur

Ein Kommentar zu *Nebulosa* 06/2014 von Timo Skrandies

> Die Kritik sucht den Wahrheitsgehalt eines Kunstwerks, der Kommentar seinen Sachgehalt.
>
> (Walter Benjamin: *Goethes Wahlverwandtschaften*)[1]

Prämissen

Das mit Hegel und Marx sichtbar gewordene kapitalistische Produktionssystem führt einen neu entstehenden Blick auf Arbeit mit sich und legt eine der Moderne eigene Widersprüchlichkeit oder Antinomie frei. Einerseits ist Arbeit von nun an als anthropologische Grundbedingung der Subjektkonstitution festgeschrieben – demnach emanzipiert sich der Mensch in der individuellen sinnlichen Produktivität von der Natur und bringt sich so erst als Wert an sich selbst hervor. Andererseits gerät der Mensch gerade im industriell und kapitalistisch organisierten System der Produktionsformen von Arbeit in ein Abhängigkeitsverhältnis, das ihn der Automatisierung, der Entfremdung und dem Warenfetischismus unterwirft.

Auch letzteres lässt sich aus dem Werk Hegels lesen, wenngleich nicht dezidiert sozialphilosophisch durchformuliert – statt dessen subjekttheoretisch: Sowohl mit dem Begriff des Mittels im „System der Bedürfnisse“[2] als auch mit der basalen Einbindung von Begierde und Bewusstsein in den Konstitutionsprozess der Subjekt-Objekt-Bindung (als Aneignung, wenn nicht gar Negation des Dings und des zum Eigenen Heteronomen), deutet sich eine kritische, aufs Politische jenes Paradigmas ‚Arbeit‘ zielende Erörterungsmöglichkeit an. Und doch bleibt die spezifische Differenz zu Marx bestehen: Seine Analyse des Zusammenhangs von Ware und Kapital, die die Arbeit als den Kern und Ausgangspunkt gesellschaftlicher Produktion und Produktivität ausgemacht hatte, zielt gerade auf die historische

1 Walter Benjamin: Goethes Wahlverwandtschaften. In: Ders.: *Gesammelte Schriften*, Bd. I. Frankfurt am Main: Suhrkamp 1991, S. 125.

2 G. W. F. Hegel: *Grundlinien der Philosophie des Rechts. Werke in zwanzig Bänden*, Bd. 7. Frankfurt am Main: Suhrkamp 1970, S. 346.

Bedingtheit der analysierten Arbeitsverhältnisse – nämlich auf jene, die man bis heute die *kapitalistischen* nennt – und kann derart als eine „kritische[ ] Ethnografie kapitalistischer Gesellschaft[en]“[3] verstanden werden. Erst so, im analytischen Interesse für die historische Besonderheit von Arbeit, lässt sich Arbeit als spezifische Form gesellschaftlicher Vermittlung verstehen, die „die gesellschaftliche Ausgangsbasis bildet, aus der sich die Grundmuster der Moderne erschließen.“[4] Noch die Theorie der volkswirtschaftlichen Wertschöpfung besagte in ihrer klassischen Begründung, mit der Marx sich auseinanderzusetzen hat, dass die Vorgänge der Marktwelt für die Wertschöpfung verantwortlich sind. Marx stattdessen macht klar, dass die Produktion in der Form sinnlicher Praxis die Grundlage der physischen und sozialen Erhaltung der Wirtschaftsgesellschaft ist. Der Wert einer Ware stellt sich daher als das Quantum der zu ihrer Herstellung notwendigen Arbeitszeit dar. So aber wird nun allererst sichtbar, dass sowohl die Arbeitspraxis als auch die Arbeiter und Arbeiterinnen ‚selbst‘ Ware sind. Ihr Wert bemisst sich nach den Kosten, die zur ihrer (Re-)Produktion notwendig sind – also: Wieviel das arbeitende Subjekt, der Arbeiter/die Arbeiterin, für den sozialen und körperlich-rekreativen Unterhalt benötigt. Der in der Arbeit produzierte und vom ‚Kapitalisten‘ erheischte Mehrwert lässt dann mit Marx sehen, dass das Kapital kein abstraktes Ding ist, sondern der Name für das gesellschaftliche Verhältnis zwischen zur Arbeit fähigen und disziplinierten Körpern einerseits und technischen, ökonomischen und politischen Dispositiven andererseits. Marx fasst das geradezu beiläufig so zusammen: „Der Wert der Arbeitskraft und ihre Verwertung im Arbeitsprozeß sind also zwei verschiedene Größen.“[5]

Gelehrigkeit

Der Auf- und Umbau des Körpers zu einer funktionierenden Einheit ist als solches die gesellschaftliche Aneignung von spezifischem Bewegungspotential mittels zivilisatorischer Techniken. Körperliche Bewegungen – sei es in individueller oder kollektiver Formierung und

3 Moishe Postone: Zur Kategorie der Arbeit. Anmerkungen zur Reformulierung Marxscher Kategorien. In: Detlev Claussen / Oskar Negt / Michael Werz (Hrsg.): *Transformation der Arbeit. Hannoversche Schriften 5*. Frankfurt am Main: Neue Kritik o. J., S. 13–27, hier S. 27.

4 Ebd., S. 16.

5 Karl Marx: *Das Kapital*. Erster Band. Berlin: Dietz 1982, S. 208.

Formation – können insofern als Prozesse für die funktionale Gestaltung gesellschaftlichen Fortschritts – allenthalben durch Arbeit – und seiner Ideologie genutzt und eingesetzt werden. Anders gesagt: Qualitäten körperlicher Bewegungen – wie etwa der Rhythmus beim Arbeiten – sind gesellschaftlich variabel nutzbar. Idealisiert als Emblem für die vermeintliche Naturverbundenheit des Körpers, kann der Rhythmus in ethnologischer Perspektive eingesetzt werden zur Begründung einer folkloristisch verstandenen Utopie von Gemeinschaft, die den entfremdenden Anforderungen des Industriezeitalters durch Orientierung an ‚naturverbundenen', etwa landwirtschaftlichen Tätigkeiten wider- und entgegensteht. Andererseits finden sich aber gerade auch Belege, die Rhythmizität des Körpers und deren tänzerische Qualitäten in eine Genealogie des industriell-technischen, tayloristisch codierten Körpers zu stellen (wie er als ‚Endprodukt' etwa als „Tramp" in Charlie Chaplins *Modern Times* in der Fabrik zu sehen und zu bewundern ist oder von Karl Bücher 1896 in *Arbeit und Rhythmus* formuliert wurde) – womit wiederum eine Naturalisierung des standardisierten Arbeitens zu erreichen wäre.[6]

Körper sind „gelehrig" – so hatte Michel Foucault formuliert und damit an eine Geschichte der Inbetriebnahme des Körpers in gesellschaftlichen Institutionen erinnert.[7] In Abwendung von der Vorstellung eines Essentialismus oder Naturalismus der Körperlichkeit wurde darstellbar, wie das Militär, frühe Erziehungsanstalten, Gefängnisse, Kliniken, Fabriken und Arbeitshäuser jene institutionalisierten kulturellen Räume sind, die die Körper durch Drill, Disziplin, Diätetik, Überwachung, Prüfung und vor allem Übung in Form bringen. Solche Körper, unsere Körper mithin, sind, so gesehen, Formen (Förmchen?) der Macht: Die in den Institutionen ausdifferenzierten Übungs- und Disziplinierungsbewegungen setzen den Körper einer Formung aus, sodass seine Praxis – seine Bewegung in ihrem Begehren, Können und Nicht-Können – zu jener der Institutionen wird. Objektivierung und Subjektivierung fallen in eins. Mit der Prüfung

6 Vgl. etwa Karl Bücher: *Arbeit und Rhythmus*. Leipzig: Reinicke 1896; Inge Baxmann: Der Körper als Gedächtnisort. Bewegungswissen und die Dynamisierung der Wissenskulturen im frühen 20. Jahrhundert. In: Dies. / Franz Anton Cramer (Hrsg.): *Deutungsräume. Bewegungswissen als kulturelles Archiv der Moderne*. München: Kieser 2005, S. 15–35; Nicoletta Misler: Taylorismus, Biomechanik, Jazz. Moskau um 1925. In: Ebd., S. 95–115.

7 Vgl. Michel Foucault: *Überwachen und Strafen. Die Geburt des Gefängnisses*, aus d. Franz. v. Walter Seitter. Frankfurt am Main: Suhrkamp 1977.

und Prüfbarkeit körperlicher Bewegungsleistungen und Leistungsbewegungen kann sich die klassische, auf Repräsentation angelegte Macht zurückziehen und zu einer Disziplinarmacht werden, die den Körper des Individuums ausstellt, sichtbar und bis ins Kleinste verstehbar, messbar und dokumentierbar macht – Macht und Machtkontrolle haben nun, durch die institutionellen Technologien, am Körper statt. „Die Geburt der Wissenschaften vom Menschen hat sich wohl in jenen ruhmlosen Archiven zugetragen, in denen das moderne System der Zwänge gegen die Körper, die Gesten, die Verhaltensweisen erarbeitet worden ist."[8]

So schließt sich der Kreis des Regimes moderner, gesellschaftlicher Körperlichkeit: Die gelehrigen Körper unterziehen sich der Mimesis institutionalisierter Machttechnologien der Bewegung und eignen sie sich an, werden gemessen, vermessen, kontrolliert und geprüft und schließlich wiederum beobachtet, gemäß der an ihnen gewonnenen Daten. Das ist nicht nur Dispositiv und Technik des modernen biopolitischen Regierens (Gouvernementalität), sondern etwa auch allgemeine Form des „Total Quality Managements".[9]

Es hilft, Pierre Bourdieu zu lesen, um zu verstehen, wie die individualisierende Aneignung solch allgemein-gesellschaftlicher, institutioneller Bewegungsdisziplinierungen als „Habitus" einer einzelnen Biographie entsteht.[10] In der „illusio"[11] findet und versteht der individuelle Körper seinen Ort im Geflecht der Welt – er *ist* nicht nur dort, sondern er kann sich auch zu anderen Akteuren, Dingen, zu Materiellem wie Immateriellem in Beziehung setzen, *sich verorten* in den körperlichen, symbolischen, interaktiven Räumen der Gesellschaft. Diese Bewegung ist eine Aktivität:

> Die Welt ist erfassbar, unmittelbar sinnerfüllt, weil der Körper, der dank seiner Sinne und seines Gehirns fähig ist, auch außerhalb seiner selbst in der Welt gegenwärtig zu sein, von ihr Eindrücke zu empfangen und sich durch sie dauerhaft verändern zu lassen, über lange Zeit hinweg (seit seinem Ursprung) ihrem regelmäßigen Einwirken ausgesetzt war. Infolgedessen hat er ein mit diesen

8 Foucault: *Überwachen und Strafen*, S. 246.

9 Vgl. Ulrich Bröckling: Totale Mobilmachung. Menschenführung im Qualitäts- und Selbstmanagament. In: Ders. / Susanne Krasmann / Thomas Lemke (Hrsg.): *Gouvernementalität der Gegenwart. Studien zur Ökonomisierung des Sozialen.* Frankfurt am Main: Suhrkamp 2000, S. 131–167.

10 Vgl. Pierre Bourdieu: *Meditationen. Zur Kritik der scholastischen Vernunft*, aus d. Franz. v. Achim Russer. Frankfurt am Main: Suhrkamp 2001, S. 184, 189–190.

11 Ebd., S. 174.

> Regelmäßigkeiten harmonisierendes System von Dispositionen erworben und ist geneigt und fähig, sie in Verhaltensweisen praktisch vorwegzunehmen, die eine ein rein praktisches Erfassen der Welt sichernde *körperliche Erkenntnis* einschließen.[12]

Gunter Gebauer fasst, mit Bezug auf Marcel Mauss, die hier bei Foucault und Bourdieu gesehenen gesellschaftlichen Implikationen der Kulturalität von Bewegung zusammen:

> Im Prozeß der Technisierung des Körpers werden Bewegungen in soziale Zusammenhänge eingebunden, sie werden zu zweckvollen, oft zielgerichteten, aber nicht-reflektierten habitualisierten Tätigkeiten gemacht, die stetig verfeinert und in den verschiedensten Sektoren des gesellschaftlichen Lebens spezialisiert werden, als Manieren, als Haltung, als ein Benehmen, das ‚zu einem bestimmten Lebensstil gehört'. Sie werden einerseits individuell, persönlich angeeignet, vom Individuum auf seine eigene Art vollzogen und seinem Gesamthabitus angepasst. Andererseits sind sie das Ergebnis von sozialen Prozessen, in denen für alle Beteiligten gleichartige Verhaltensmodelle, Vorschriften, Normen verbindlich gelten. Bewegungen sind in einem doppelten Sinne konstruktiv: Sie erzeugen nicht nur die materielle Welt der Körper und Umweltdinge, sondern wirken auch im Inneren der Person, indem sie Haltungen, Einstellungen und Bewertungen entstehen lassen, die weit mehr sind als eine einfache psychische Begleitung oder sekundäre Effekte.[13]

Mit einem solchen Begründungszusammenhang der Produktivität körperlichen Handelns mit Subjektivierungsprozessen lassen sich zum Beispiel die Motivationen genauer differenzieren, mit denen seit dem späten 19. Jahrhundert die Bewegungsstudien von Arbeitern und Arbeiterinnen verfolgt wurden. Während etwa Frederick W. Taylors Interesse der kraft- und zeitsparenden Organisation des Gesamtgefüges der Abläufe in einem Betrieb galt, wandte sich sein Schüler Frank B. Gilbreth von ihm ab, um mit eigenen – medientechnisch durch chronophotographische Messmethoden unterstützten – Verfahren die einzelnen Bewegungsschritte genauer zur Darstellung und damit Messung bringen zu können.[14] Autoren wie Aleksej Gastev oder Ernst Jünger adjutieren so etwas mit Kulturtheorien des ‚Arbeiters', die diesen als exemplarische Figur einer erfolgreichen

12 Ebd.

13 Gunter Gebauer: Bewegung. In: Christoph Wulf (Hrsg.): *Vom Menschen. Handbuch Historische Anthropologie*. Weinheim: Beltz 1997, S. 501–516, hier S. 507.

14 Vgl. Timo Skrandies: So haben wir allmählich die komplizierteste Maschine ohne die geringste Unklarheit für den Verstand oder die Augen dargestellt. Arbeit: Schuld/Wert – Messbarkeit, Darstellbarkeit. In: Jürgen Wiener (Hrsg.): *Der Wert der Arbeit*. Düsseldorf: dup 2014, S. 289–322.

technischen Zivilisation feiern.[15] Unter diesen Blicken der Arbeitswissenschaft und ergologischen Kulturtheorie muss die Praxis von Bewegung und Produktion (bis hin zu künstlerischen Formen des Tänzerischen etwa) als gesellschaftlichen Zwecken und Zielen dienendes „gelehriges" Tun verstanden sein.

Verführung

Hegels Philosophie ist das bislang letzte umfassende System der Philosophie. Es umfasst Natur, Geschichte und Denken und reicht gedanklich von der sinnlichen Wahrnehmung (in der „Phänomenologie des Geistes"[16]) bis hin zur sich im Geist betätigenden, erzeugenden und genießenden Idee (in der „Enzyklopädie der philosophischen Wissenschaften"[17]). Die Auseinandersetzung mit dem Hegelschen System, seinen Operationen, seinem Funktionieren und *Arbeiten* führt Jacques Derrida zu der Frage, was, als solches, undenkbar hierin bliebe, was undenkbar bliebe als Negatives oder Anderes zum System (Hegels), das sich weder anerkennen, vermitteln, noch aufheben ließe, also: „ohne sich zu *präsentieren*, das heißt ohne im Dienste des Sinns zu arbeiten"[18]. Was könnte das sein?

> Vielleicht ganz einfach eine Maschine, eine funktionierende Maschine. Eine Maschine, die in ihrem reinen Funktionieren definiert wäre und nicht in ihrer finalen Zweckmäßigkeit, in ihrem Sinn, ihrem Ertrag, ihrer Arbeit. […] Was Hegel, der aufhebende Interpret der Philosophiegeschichte, *niemals zu denken vermocht hat*, ist eine funktionierende Maschine. Eine Maschine, die funktionieren würde, ohne dabei von einer Ordnung der Wiederaneignung reguliert zu werden. Insofern als es in sich einen Effekt des reinen Verlustes einschreibt, wäre ein solches Funktionieren undenkbar. Undenkbar wie ein Nicht-Denken, das durch kein Denken aufzuheben wäre, indem dieses es als sein eigenes Gegenteil, *sein* Anderes konstituiert. Die Philosophie sähe in ihm zweifellos ein

15 Vgl. zusammenfassend Hans-Christian von Hermann: Motion Records. Die Bewegung im Zeitalter ihrer technischen Reproduzierbarkeit. In: Claudia Jeschke / Hans-Peter Bayerdörfer (Hrsg.): *Bewegung im Blick. Beiträge zu einer theaterwissenschaftlichen Bewegungsforschung*. Berlin: Vorwerk 8 2000, S. 100–112.

16 G. W. F. Hegel: *Phänomenologie des Geistes. Werke in zwanzig Bänden*, Bd. 3. Frankfurt am Main: Suhrkamp 1970.

17 G. W. F. Hegel: *Enzyklopädie der philosophischen Wissenschaften. Werke in zwanzig Bänden*, Bd. 10. Frankfurt am Main: Suhrkamp 1970, hier S. 394.

18 Jacques Derrida: Der Schacht und die Pyramide. Einführung in die Hegelsche Semiologie, aus d. Franz. v. Günther Sig. In: Ders.: *Randgänge der Philosophie*. Wien: Passagen 1988, S. 85–118, hier S. 117

> Nicht-Funktionieren, eine Nicht-Arbeit, und sie würde dadurch das verfehlen, was in einer solchen Maschinerie eben doch läuft. Von alleine. Draußen.[19]

Wie aber wäre nun jenes Derridasche „Draußen" als „Nicht-Arbeit" zu denken? Den Topos der ‚Verführung' hier in die Reflexion über Arbeit einzuführen, greift gedankliche Figuren des philosophisch informierten Arbeitsdiskurses auf, wie sie sich etwa in „Gelassenheit" (Hamacher/Heidegger)[20] oder in dem unten noch zu besprechenden „Genuss" (Nancy/Marx) finden. Wie diese stellt auch Verführung darauf ab, nicht ein Jenseits von Arbeit zu erfassen, wie es sich in theoretischen Entscheidungen für Begriffe bzw. Modelle wie ‚Freizeit', ‚Muße' oder ‚Nichtstun' abzeichnet. Hier stellt sich vielmehr die Frage nach dem, was sich *anders als Arbeit* öffnete bzw. sich als Öffnen des arbeitsamen Subjekts auf eine andere Objekt- bzw. Dingbeziehung hin entpuppte. „Verführung" zielt auf ein poietisch Anderes *in* Arbeit ab. Das lässt sich für den vorliegenden Anlass kurz und gut am Verführungs-Begriff Jean Baudrillards vorführen, der die Reversibilität von Verführung von der „Produktion", als eines auf Eindeutigkeit, Akkumulation und Zweckhaftigkeit gerichteten Parameters absetzt:

> Die Verführung ist eine Herausforderung, eine Form, die stets danach strebt, jemanden hinsichtlich seiner Identität, der Bedeutung, die er sich selbst zuschreibt, zu verwirren. In ihr findet man die Möglichkeit einer radikalen Andersheit. Die Verführung schien mir sämtliche Formen zu betreffen, die sich einem System der Akkumulation und der Produktion entziehen. […] Die Verführung ist weniger ein Spiel auf der Klaviatur des Begehrens als ein Spiel mit dem Begehren. Sie negiert es nicht, sie ist auch nicht sein Gegenteil, sondern sie setzt es aufs Spiel. […] [U]nsere Versuche, die Welt zu verbessern, ihr einen einseitigen Sinn zu geben, wie zum Beispiel das ganze gewaltige Unternehmen der Produktion, haben zweifellos zum Ziel, dieses letzten Endes gefährliche, unheilbringende Terrain der Verführung zu eliminieren, zu zerstören.[21]

Wie bei Derridas ‚Hegelscher Maschine' und Baudrillards Produktions-Verführungs-Dichotomie erscheint Arbeit bei Jean-Luc Nancy als die prominenteste Repräsentation eines perfekt geschlossenen Systems ökonomischer Äquivalenzen von Sinn, das seit einiger Zeit

19 Ebd., S. 117–118.

20 Vgl. Werner Hamacher: Arbeiten Durcharbeiten. In: Dirk Baecker (Hrsg.): *Archäologie der Arbeit.* Kadmos: Berlin 2002, S. 155–200; Martin Heidegger: *Gelassenheit.* Stuttgart: Klett-Cotta 2004.

21 Jean Baudrillard: *Paßwörter*, aus d. Franz. v. Markus Sedlaczek. Berlin: Merve 2002, S. 24–26.

‚Globalisierung‘ heißt und unsere ‚Welt‘, wiederum als in den Sinnangeboten der Globalisierung gedachte Ganzheit von in Arbeit produziertem Sinn, ist.[22] „Die Welt findet statt, sie ereignet sich, und alles geschieht so, als wüßten wir nicht, sie zu fassen. Sie ist unsere Produktion und sie ist unsere Entfremdung."[23] In der Erfassung dieser seltsamen Differenz und Gleichzeitigkeit von Produktion und Entfremdung liegt die Einsicht in eine allgemeine Verführung, die Welt für uns ist: dass die Welt uns vor-erst gegeben ist – „sie ist unser Faktum", ohne dass Grund oder Zweck ihrer Existenz als solche ursprünglich zu benennen wären. „Die Welt zu denken heißt, diese Faktizität zu denken, was voraussetzt, diese nicht auf einen Sinn zurückzuführen, der fähig ist, sie aufzunehmen, sondern in sie, in ihre faktische Wahrheit den ganzen möglichen Sinn zu legen."[24] Um *diese Faktizität* einer „Erschaffung der Welt" aber denkerisch zu öffnen und offen zu halten, „das heißt für das, was das Gegenteil einer Globalität der Ungerechtigkeit auf der Basis allgemeiner Äquivalenz bilden muß"[25], ist die Anerkennung jener Verführung notwendig, die zwischen „Interpretationen" und „Transformationen" einen Sinnabstand bedingt. Denn es geht darum,

> die Beziehung zwischen ihnen zu verändern und zu verstehen (das heißt umzusetzen), daß der *Sinn* immer in der *praxis* liegt, auch wenn sich keine Praxis darauf beschränkt, einen Gedanken zu verwirklichen und kein Gedanke die Praxis erschöpfend erfaßt[.] Aber der Abstand zwischen beiden ist notwendig für das, was *praxis* heißt bzw. *Sinn bei der Arbeit*, oder auch *Wahrheit am Werk*.[26]

Für Nancy gilt es also,

> auf bestimmte Weise die Werke zu denken, in denen sich der Sinn erschafft, selbst wenn seine Schöpfung weit über den geschlossenen Raum der Werke hinausragt. Es gilt zu denken, wie diese Werke den Sinn – der nicht ‚ihr‘ Sinn ist – kommunizieren.[27]

22 Vgl. Jean-Luc Nancy: *Die Erschaffung der Welt oder Die Globalisierung*, aus d. Franz. v. Annette Hoffmann. Berlin: Diaphanes 2003, S. 11–55.

23 Ebd., S. 28.

24 Ebd., S. 50.

25 Ebd., S. 54.

26 Ebd., S. 53.

27 Ebd., Anm. 26.

Das „bedeutet eine Arbeit, deren Prinzip keiner Zweckmäßigkeit des Beherrschens (Herrschaft, Nutzen, Aneignung) untergeordnet ist, sondern über jede Unterordnung unter einen Zweck hinausschießt“[28].

Insofern: Das, was den Sinnabstand hält, was den Raum des Sinns öffnet und offen hält, ist nie Werk oder Produkt selbst, es ist „der Genuß, von dem Marx sprach, als Genuß der Menschen an dem, was ihre Menschlichkeit über jeden Humanismus hinaus öffnet.“[29] Diese Sinn-Arbeit (Arbeit des Sinns als „Erschaffung der Welt“), die *in* der Arbeit den Sinn der Arbeit hervorbringt, denkt Nancy als Überschuss – sie ist ein Umweg und Abweg: Öffnung der Arbeit, als Verführung des Sinns der Arbeit, hin auf eine anonyme Spekulation des Tuns im Tun.[30]

28 Ebd., S. 54. Nancy ist für diesen Gedanken des Überschusses ein Marx-Bezug auf den „Genuß“ in einer Passage aus *Die deutsche Ideologie* zum Thema „Weltmarkt“ wichtig, mit der er sich in seinem Text ausführlich auseinandersetzt.

29 Ebd.

30 Zur Ausführung des Gedankens einer kultur-ökonomischen Theorie der Verausgabung und der damit verbundenen Kritik des „Nützlichkeitsprinzips“ wären die obigen Skizzen zu „Genuss“ und „Verführung“ noch um weitere Autoren und Parameter zu erweitern, um ein theoriepolitisches Panorama aufzuspannen, dem nachzugehen wäre in der Absicht, das Paradigma der Arbeit durch den Eingriff mit Überschusstheorien zu dekonstruieren und zu verführen.

Abbildungsverzeichnis

Christel Baltes-Löhr: „Ich schmeiß jetzt alles hin und werd Prinzessin".

Abb. 1, 4–10 © Christel Baltes-Löhr.

Abb. 2 goldenthiever: Boys Toy Logic. http://www.tickld.com/funny/t/965351 (Zugriff am 10.06.2015).

Abb. 3 This Is Important. http://9gag.com/gag/a7KOvAq (Zugriff am 26.06.2015).

Abb. 11 Ministerium für Chancengleichheit (Hrsg.): *D'Lüsterprinzessin an de Ritter Schuddereg. Pädagogisches Material.* Luxemburg: Selbstverlag 2000, S. 64.

Tamara Werner / Aleta-Amirée von Holzen: Becoming a Magical Pony-Princess.

Abb. 1 *My Little Pony – Friendship is Magic.* S04/E25: Twilight's Kingdom, Part 1. Screenshot, Hasbro Studios, 2014.

Abb. 2 *My Little Pony – Friendship is Magic.* S04/E01: Princess Twilight Sparkle, Part 1. Screenshot, Hasbro Studios, 2013.

Abb. 3 *My Little Pony – Friendship is Magic.* S03/E13: Magical Mystery Cure. Screenshot, Hasbro Studios, 2013.

Thomas Küpper: „Die Bettelprinzeß".

Abb. 1–2 Aus dem Fernsehspiel *Die Bettelprinzeß.* R: Bruno Voges. P: Südwestdeutscher Rundfunk 1974.

Abb. 3–4 Hella von Sinnen als „Bettelprinzess" im Booklet des Hörbuchs, Bergisch Gladbach: Lübbe Audio 2003.

Marija Skara: Ah du armes Prinzessin.

Abb. S. 54–61 © Marija Skara.